मुकेश के हिट फिल्मी गीत

संकलन एवं संपादन
आरती गांधी

डायमंड बुक्स

प्रकाशक : **डायमंड पॉकेट बुक्स (प्रा.) लि.**
X-30 ओखला इंडस्ट्रियल एरिया, फेज-II
नई दिल्ली - 110 020
फोन : 0111-40712200
ई-मेल : sales@dpb.in
वेबसाइट : www.diamondbook.in

MUKESH KE HIT FILMI GEET
By : Collection & Editing by Aarti Gandhi

विषय सूची

फिल्म : हम लोग

गीत : आदिल-उद्धव **संगीत : रोशन**

अपनी नजर से उनकी नजर तक, एक जमाना, एक फसाना
जिसमें हों आप जैसे, ऐसे जमाने में, दिल का कौन ठिकाना
उनकी जफा में वफा है, जहर है लेकिन कितना मजा है
मरने के होते हैं लाखों बहाने, जीने का है बस एक बहाना
अपनी नजर से उनकी नजर तक......
दूर ही दूर से, दिल में समाएं, यूं नहीं आते तो सपनों में आएं
काम है उनका हाथ न आना, काम हमारा प्रीति निभाना
अपनी नजर से उनकी नजर तक.....
दिल जो लिया है, दर्द ही देंगे, इसके सिवा वो कुछ न करेंगे
होता है दिल को, होने दो इसको तीरे नजर का यूं ही निशाना
अपनी नजर से उनकी नजर तक, एक जमाना, एक फसाना..

फिल्म : आह

गीत : हसरत जयपुरी **संगीतः शंकर जयकिशन**

आ जाओ तड़पते हैं अरमां,
अब रात गुजरने वाली है
मैं रोऊं यहां, तुम चुप हो वहां,
अब रात गुजरने वाली है
ओ चांद की रंगत बढ़ने लगी,
ओ तारों के दिल अब डूब गए
है दर्द भरा बेचैन समां,
अब रात...
इक चांद की डोली में आई नजर
वो चांद की दुल्हन चल दी किधर
आवाज तो दो तुम हो कहां
अब रात...
घबरा के नजर भी हार गई,
तकदीर को भी नींद आने लगी
तुम आते नहीं मैं जाऊं कहां,
अब रात...

फिल्म : आवारा

गीत : शैलेन्द्र **संगीत : शंकर जयकिशन**

आवारा हूं ऽऽ आवारा हूं, या गर्दिश में हूं
आसमान का तारा हूं, ऽऽ आवारा हूं..
घर-बार नहीं संसार नहीं
मुझसे किसी को प्यार नहीं
उस पार किसी से मिलने का इकरार नहीं
मुझसे किसी को प्यार नहीं
अनजान नगर, सुनसान डगर का प्यारा हूं
आवारा हूं...
आबाद नहीं बरबाद सही, गाता हूं खुशी के गीत मगर
जख्मों से भरा सीना है मेरा, कहती है मगर ये मस्त नजर
दुनिया आ ऽऽ आ ऽऽ दुनिया में तेरे तीर का
या तकदीर का मारा हूं.
आवारा हूं...

फिल्म : परवरिश

गीत : हसरत जयपुरी **संगीत : दत्ताराम**

आंसू भरी हैं, ये जीवन की राहें
कोई उनसे कह दे, हमें भूल जाएं, आंसू भरी...
वादे भुला दें, कसम तोड़ दें वो
हालत पे अपनी, हमें छोड़ दें वो
ऐसे जहां से, क्यूं हम दिल लगाएं
कोई उनसे कह दे, हमें..
बरबादियों की अजब दास्तां हूं
शबनम भी रोए, मैं वह आसमां हूं
तुम्हें घर मुबारक, हमें अपनी आहें
कोई उनसे कह दे, हमें..

फिल्म : आह

गीत : हसरत जयपुरी **संगीत : शंकर-जयकिशन**

सहगायिका : लता

आ जा रे अब मेरे दिल ने पुकारा,
रो-रो के गम भी हारा
बदनाम न हो प्यार मेरा, आ जा रे..
मौत मेरी तरफ आने लगी,
जान तेरी तरफ जाने लगी
गमे जिन्दगानी क्या करे,
आस मिलने की तड़पाने लगी
आ जा रे अब मेरा..
ओ घबराए हाय दिल,
सपनों में आके कभी मिल
आ जा रे अब मेरा..
अपने बीमारे गम को देख ले,
हो सके तो तू हमको देख ले
तूने देखा न होगा ये समां,
कैसे जाता है दम तू देख ले
आ जा रे अब मेरा..

फिल्म : हरियाली और रास्ता

गीत : हसरत जयपुरी **संगीत : शंकर-जयकिशन**

सहगायिका : लता

इब्तिदाए-इश्क में हम सारी रात जागे
अल्ला जाने क्या होगा आगे
अरे मौला जाने क्या होगा आगे
इब्तिदाए-इश्क में..
दिल में तेरी उल्फत के, बंधने लगे धागे
अल्ला जाने क्या होगा आगे
ओ मौला जाने क्या होगा आगे
क्या कहूं कुछ कहा नहीं जाए
बिन कहे भी रहा नहीं जाए

रात भर करवट मैं बदलूं
दर्द दिल का सहा नहीं जाए
नींद मेरी आंखों से दूर-दूर भागे
अल्ला जाने क्या होगा आगे
ओ मौला जाने क्या होगा आगे
इब्तिदाए-इश्क में..
दिल में जागी प्रीति की ज्वाला
जब से मैंने होश संभाला
मैं हूं तेरे प्यार की सीमा
तू मेरा राही मतवाला
मेरे मन की वीणा में तेरे राग जागे
अल्ला जाने क्या होगा आगे
ओ मौला जाने क्या होगा आगे
इब्तिदाए-इश्क में..
तूने जब से आंख मिलाई
दिल से इक आवाज ये आई
चल के अब तारों में रहेंगे
प्यार के हम तो हैं सौदाई
मुझको तेरी सूरत भी चांद रात लागे
अल्ला जाने क्या होगा आगे
ओ मौला जाने क्या होगा आगे
इब्तिदाए-इश्क में..

फिल्म : जिन्दगी और तूफान

गीत : रामावतार त्यागी **संगीत : लक्ष्मीकांत-प्यारेलाल**

एक हसरत थी कि आंचल का मुझे प्यार मिले
मैंने मंजिल को तलाशा मुझे बाजार मिले
जिन्दगी और बता तेरा इरादा क्या है
मुझको पैदा किया संसार में दो लाशों ने
और बर्बाद किया कौम के अय्याशों ने
तेरे दामन में बता मौत से ज्यादा क्या है
जिन्दगी और बता...
जो भी तस्वीर बनाता हूं बिगड़ जाती है
देखते-देखते दुनिया ही उजड़ जाती है

मेरी कश्ती तेरा तूफान से वादा क्या है
जिन्दगी और बता..
जो दर्द दिया उसकी कसम खाता हूं
इतने ज्यादा है कि अहसां से दबा जाता हूं
मेरे तकदीर बता और तकाजा क्या है
जिन्दगी और बता..
मैंने जज्बात के संग खेलते दौलत देखी
अपनी आखों से मोहब्बत की तिजारत देखी
ऐसी दुनिया में मेरे वास्ते रक्खा क्या है
जिन्दगी और बता ..
आदमी चाहे तो तकदीर बदल सकता है
पूरी दुनिया की वो तस्वीर बदल सकता है
आदमी सोच तो ले उसका इरादा क्या है,
जिन्दगी और बता..

फिल्म : नजराना

गीत : राजेन्द्र-कृष्ण **संगीत : रवि**

एक वो भी दीवाली थी,
एक ये भी दीवाली है
उजड़ा हुआ गुलशन है,
रोता हुआ माली है
बाहर तो उजाला है,
मगर दिल में अन्धेरा
समझो न इसे रात,
ये है गम का सवेरा
क्या दीप जलाएं हम,
तकदीर ही खाली है
उजड़ा हुआ गुलशन है,
रोता हुआ माली है
एक वो भी दिवाली थी..
ऐसे न कभी दीप किसी दिल का बुझा हो
मैं तो वो मुसाफिर हूं जो रस्ते में लुटा हो
ऐ मौत तू भी आ जा,
दिल तेरा सवाली है

उजड़ा हुआ गुलशन है,
रोता हुआ माली है
एक वो भी दीवाली थी..

फिल्म : शीशम

गीत : जिया सरहदी **संगीत : रोशन**

एक झूठी-सी तसल्ली वो मुझे देके चले, मेरा दिल लेके चले
एक झूठी-सी तसल्ली..
तेरे वादों के सहारों पे जिए जाएंगे हम, सहते जाएंगे सितम
सहते जाएंगे सितम, सहते जाएंगे सितम
राज ये तेरे सिवा और कोई जान ले, मेरा दिल लेके चले
एक झूठी-सी तसल्ली...
अपने बीमार को वो देखने आए थे मगर
ली न कुछ दिल की खबर
ली न कुछ खबर, ली न कुछ दिल की खबर
बुझ न जाए ये दिया यूं के जलाए न जले, मेरा दिल लेके चले
एक झूठी-सी तसल्ली..

फिल्म : नादान

गीत : योगेश **संगीत : सलिल चौधरी**

ऐ बादल झूम के चल जमीं को चूम के चल
मौसम महका-महका है दिल बहका-बहका जाए
क्या रंगीली वादी है यह धूप चमकती चांदी है
इस अपने वतन से ही अपने चमन से ही
इक प्रीति की डोरी है ऐ बादल...
नदिया का दर्पण देख जरा
कलियों का लड़कपन देख जरा
सुन मीठी तानें पक्षी की उड़ानें
मस्ताना सावन देख जरा ऐ बादल...
झोंका जो हवा का आता है
खुशबू को चुराकर लाता है
तितली भी डोले भंवरा भी बोले
झरना भी तराने गाता है ऐ बादल...

फिल्म : बेगुनाह

गीत : शैलेन्द्र **संगीतकार : शंकर-जयकिशन**

ऐ प्यासे दिल बेजुबां, तुझको ले जाऊं कहां
आग को आग में ढालके, कब तक जी बहलाएगा
ऐ प्यासे दिल बेजुबां..
घटा झुकी और हवा चली तो हमने किसी को याद किया
चाहत के वीराने को उनके गम से आबाद किया
ऐ प्यासे दिल बेजुबां, दर्द है तेरी दास्तां
आग को आग में ढाल के, कब तक जी बहलाएगा
ऐ प्यासे दिल बेजुबां...
कहां वो दिन अब कहां वो रातें, तुम रूठे किस्मत रूठी
गैर से भेद छुपाने को हम हंसते फिरे हंसी झूठी
ऐ प्यासे दिल बेजुबां... लुटके रहा तेरा जहां
आग को आग में ढाल के कब तक जी बहलाएगा
ऐ प्यासे दिल बेजुबां... ऐ प्यासे दिल बेजुबां...

फिल्म : संगम

गीत : शैलेन्द्र **संगीत : शंकर-जयकिशन**

ओ महबूबा ओ महबूबा
तेरे दिल के पास ही हैं, मेरी मंजिलें मकसूद
वो कौन-सी महफिल है, जहां तू नहीं मौजूद
ओ महबूबा...
किस बात पे नाराज हो, किस बात का है गम
किस सोच में डूबी हो तुम, हो जाएगा संगम
ओ महबूबा ओ महबूबा
तेरे दिल के पास ही हैं, मेरी मंजिलें मकसूद
बांहों के तुझे हार मैं पहनाऊंगा एक दिन
सब देखते रह जाएंगे, ले जाऊंगा एक दिन
ओ महबूबा ओ महबूबा
तेरे दिल के पास ही हैं, मेरी मंजिलें मकसूद

फिल्म : संगम

गीत : हसरत जयपुरी **संगीत : शंकर-जयकिशन**

सहगायिका : लता

ओ मेरे सनम, ओ मेरे सनम
दो जिस्म मगर एक जान हैं हम
इक दिल के दो अरमान हैं हम
ओ मेरे सनम...
तन सौंप दिया मन सौंप दिया
कुछ और तो मेरे पास नहीं
जो तुमसे है मेरे हमदम
भगवान से भी वो आस नहीं
जिस दिन से हुए एक दूजे के
इस दुनिया से अनजान हैं हम
इक दिल के दो अरमान हैं हम
ओ मेरे सनम...
सुनते हैं प्यार की दुनिया में
दो दिल मुश्किल से समाते हैं
क्या गैर वहां अपने तक के
साए भी न आने पाते हैं
हमने आखिर क्या देख लिया
क्या बात है क्यों हैरान हैं हम
इक दिल के दो अरमान हैं हम
ओ मेरे सनम...
मेरे अपने अपना ये मिलन
संगम है ये गंगा-जमुना का
जो सच है सामने आया है
जो बीत गया इक सपना था
ये धरती है ये इन्सानों की
कुछ और नहीं इंसान हैं हम
इक दिल के दो अरमान हैं हम
ओ मेरे सनम...

फिल्म : अनोखी अदा

गीत : शकील बदायूंनी **संगीत : नौशाद**

कभी दिल,दिल से टकराता तो होगा
उन्हें मेरा खयाल आता तो होगा
न रुकते होंगे जब आंखों में आंसू
न रुकते होंगे जब आंखों में आंसू, आंखों में आंसू
तो पैमाना, तो पैमाना, तो पैमाना छलक जाता तो होगा
उन्हें मेरा खयाल आता तो होगा
वो पा लेते होंगे दिल पे काबू, दिल पे काबू
उन्हें ये भी, उन्हें ये भी, कमाल आता तो होगा
कभी दिल, दिल से टकराता तो होगा
उन्हें मेरा खयाल आता तो होगा
कभी दिल, दिल से...

फिल्म : अनाड़ी

गीत : शैलेन्द्र **संगीत : शंकर-जयकिशन**

किसी की मुस्कराहटों पे हो निसार
किसी का दर्द मिल सके तो ले उधार
किसी के वास्ते हो तेरे दिल में प्यार
जीना इसी का नाम है
माना अपनी जेब के फकीर हैं
फिर भी यारों के लिए हम अमीर हैं
मिले जो प्यार के लिए वो जिन्दगी
जले बहार के लिए वो जिन्दगी
किसी को हो न हो, हमें तो ऐतबार
जीना इसी का नाम है.
रिश्ता दिल से दिल के ऐतबार का
जिन्दा है हमीं से नाम प्यार का
कि मर के भी किसी को याद आएंगे
किसी के आंसुओं पे मुस्कराएंगे
कहेगा फूल हर कली से बार-बार
जीना इसी का नाम है..
किसी की मुस्कराहटों पे...

फिल्म : पूरब और पश्चिम

गीत : इंदीवर **संगीत : कल्याणजी-आनंदजी**

कोई जब तुम्हारा हृदय तोड़ दे
तड़पता हुआ जब कोई छोड़ दे
तब तुम मेरे पास आना प्रिये
मेरा दर खुला है, खुला ही रहेगा
तुम्हारे लिए...
अभी तुमको मेरी जरूरत नहीं
बहुत चाहने वाले मिल जाएंगे
अभी रूप का एक सागर हो तुम
कमल जितने चाहोगी खिल जाएंगे
दर्पण तुम्हें जब डराने लगे
जवानी भी दामन छुड़ाने लगे
तब तुम मेरे पास आना प्रिये
मेरा सर झुका है, झुका ही रहेगा
तुम्हारे लिए...
कोई शर्त होती नहीं प्यार में
मगर प्यार शर्तों पे तुमने किया
नजर में सितारे जो चमके जरा
बुझने लगे आरती का दिया
जब अपनी नजर में ही गिरने लगो
अन्धेरे में अपने ही घिरने लगो
तब तुम मेरे पास आना प्रिये
ये दीपक जला है जला ही रहेगा
तुम्हारे लिए...

फिल्म : संन्यासी

गीत : हसरत **संगीत : कल्याणजी-आनन्दजी**

सहगायिका : लता मंगेशकर

करमण्येवाधिकारस्ते मां फलेषु कदाचन
करम किए जा फल की इच्छा मत कर ऐ इन्सान
जैसा कर्म करेगा वैसा फल देगा भगवान
ये है गीता का ज्ञान
ये है गीता का ज्ञान...

इस प्राणी का कष्ट दूर करो महाराज
ये कौन है देवी, क्या कष्ट है इसे
रूपचन्द है पैसे वाला कपड़े का व्यापारी
बीस बरस तक साथ में रहकर भाग गई इसकी नारी
और अगर वो साथ में रहती मर जाती बेचारी
पतिदेव के मन भाई थी बाला एक कुंवारी
पति बना पत्नी का दुश्मन संकट में थी जान
जैसा कर्म करेगा वैसा फल...
गुरुदेव इस कन्या का मुखड़ा तो भोला है किन्तु,
किन्तु क्या
मृगनयनी-सी चंचल बाला मन में लिए उदासी
दु:ख के अंदर दबी हुई है सुख की है अभिलाषी
किसी के घर की राजकुमारी बनी किसी की दासी
मजबूरी के आंख में आंसू छलके फिर भी प्यार
पग धोए अरमानों में गंगाजल में प्राण जैसे
आप तो स्वामी हैं, आप तो अन्तर्यामी हैं
बताइए महाराज-क्या देवी
कौन-सी दुविधा आपके चरणों में इनको ले आई
किस चिन्ता में मगन हैं दोनों क्यों आंखें पथराई
ये मरे हुए हैं या जीवित हैं
बस मरने वाले हैं देवी, इनका अंत निकट है, तथास्तु
इन दोनों दुष्टों ने मिलकर ऐसी चाल चलाई
एक कंस मामा बन बैठा एक दुर्योधन भाई
कृष्ण कंस का तोड़ेगा इस कलियुग में अभिमान
जैसा कर्म करेगा वैसा फल....
हे गुरुदेव, ये मैं क्या देख रही हूं
जिनके दर्शन को दुनिया तरसती है
वो स्वयं दर्शन देने आ रहे हैं
पहुंचा हुआ है साधु क्या-क्या चमत्कार दिखलाए
भोली जनता बोले ईश्वर रूप बदलकर आए
ये जनता की भूल है देवी क्यों
अच्छा..
ये महापापी घोर अपराधी है
अच्छा...

वेद-शास्त्रों की भाषा को ये ढोंगी क्या जाने
ये पूजा करवाए अपनी प्रभु को क्या पहचाने
ये साधु के वेश में रोज पाखण्ड रचाए
ऋषियों को बदनाम करे संतों पे दाग लगाए
दिन में डाका डाले पापी रात में कत्ल कराए
राम-राम
सच बोले संन्यासी इसका कभी न हो कल्याण
जैसा कर्म करेगा वैसा फल...

फिल्म : दस नंबरी

गीत : मजरूह **संगीत : लक्ष्मीकांत-प्यारेलाल**

कहत कबीर सुनो भई साधो बात कहूं मैं खरी
ये दुनिया एक नम्बरी, तो मैं दस नम्बरी
एक नम्बर का हाथ दिखाया जब कहके जय काली
कितने ही सेठों की भारी जेबें हो गई खाली
दो नम्बर है और निराला देखूं और खुल जाए ताला
उड़ के जेब में आ जाए हरे नोट की परी, ये दुनिया..
नम्बर तीन का चमत्कार देखो जब फेंकूं पत्ता
सबकी तबीयत करूं साफ दिल्ली हो या कलकत्ता
चौथे ने राह गजब का ढाया आप किया दूजे को फांसा
कभी-कभी तो पुलिस को उल्टे दिखलाऊं हथकड़ी, ये
दुनिया...
पांचवां नम्बर जुल्म का दुश्मन मैं दुखियों का साथी
छठा देश के गद्दारों से छीन लूं घर की बाती
नम्बर सात करे जो दंगा एक हाथ में कर दूं चंगा
लंगड़ी-टंगड़ी छुरी-कटारी सब रह जाए धरी, ये दुनिया...
कला आठवीं ये है कि मैं प्यार से मिलता सबसे
प्यार की खातिर इन्सां क्या है लड़ जाऊं मैं रब से
नवां जो मिले मुझे हसीना नौ दिन तक रुके पसीना
और नम्बर दस लिखा है ये तो हर थाने में
सिफत है क्या-क्या दीवाने में जितनी उंगलियां इन हाथों में
किया उतनी जादूगरी, ये दुनिया...

फिल्म : आनंद

गीत : योगेश **संगीत : सलिल चौधरी**

कहीं दूर जब दिन ढल जाए
सांझ की दुल्हन बदन चुराए, चुपके से आए
मेरे ख्यालों के आंगन में कोई सपनों के दीप जलाए
कहीं...
कभी यूं ही जब कोई बोझल सांसें
भर आईं बैठे-बैठे तब यूं ही आंखें
कभी मचल के प्यार से छलके
छुए कोई मुझे पर नजर न आए, नजर न आए
कहीं....
कहीं तो ये दिल कभी मिल नहीं पाते
कहीं पे निकल आए जन्मों के नाते
है मीठी-सी उलझन बैरी अपना मन
अपना ही हो के सहे दर्द पराए, दर्द पराए
कहीं...
दिल जाने मेरे सारे भेद ये गहरे
हो गए कैसे मेरे सपने सुनहरे
ये मेरे सपने सही तो हैं अपने
मुझसे जुदा न होंगे इनके साए
कहीं दूर जब दिन ढल जाए
सांझ की दुल्हन बदन चुराए - चुपके से आए
मेरे ख्यालों के आंगन में कोई सपनों के दीप जलाए।

फिल्म : मेरे हमसफर

गीत : इन्दीवर **संगीत : कल्याणजी-आनंदजी**

किसी राह में, किसी मोड़ पर
कहीं चल न देना तू छोड़कर
मेरे हमसफर, मेरे हमसफर
किसी हाल में किसी बात पर
कहीं चल न देना तू छोड़कर
मेरे हमसफर...
मेरा दिल कहे कहीं ये न हो

किसी रोज तुझसे बिछड़ के मैं
तुझे ढूंढती फिरुं दर-बदर,
मेरे हमसफर...
तेरा रंग साया बहार का
तेरा रूप आईना प्यार का
तुझे आ नजर में छुपा लूं मैं
तुझे लग न जाए कहीं मेरी नजर
तेरा साथ है तो ये जिंदगी
तेरा प्यार है तो ये रोशनी
कहां दिन ये ढल जाए क्या पता
कहां रात हो जाए क्या खबर
मेरे हमसफर..

फिल्म : फरिश्ता या कातिल

गीत : अंजान **संगीत : कल्याणजी - आनंदजी**

कुछ ऐसे बंधन होते हैं, जो बिन बांधे बंध जाते हैं
जो बिन बांधे बंध जाते हैं, वो जीवन भर तड़पाते हैं
कुछ ऐसे...
कुछ ऐसे बंधन होते हैं
जाने ये कैसा नाता है, जो बिन जोड़े जुड़ जाता है
एक दिन मन का पागल पंछी बिन पंख लगे उड़ जाता है
सूरज छूने की कोशिश में पंछी के पर जल जाते हैं
कुछ ऐसे....
कुछ ऐसे बंधन होते हैं
जब प्यार की तपती राहों में
दो प्यासे दिल मिल जाते हैं
फिर धूप छांव बन जाती है, सांसों में फूल खिल जाते हैं
जागी आंखों के ये सपने
अक्सर मन को छल जाते हैं
कुछ ऐसे...
कुछ ऐसे बंधन होते हैं, जो बिन बांधे बंध जाते हैं

फिल्म : एक दिल सौ अफसाने

गीत : हसरत जयपुरी **संगीत : शंकर-जयकिशन**

कुछ शेर सुनाता हूं मैं, जो तुझसे मुखातिब हैं
इक हुस्न परी दिल में है, ये उससे मुखातिब हैं
सीखी है तुमसे फूल ने हंसने की हर अदा
सीखी हवा ने तुमसे ही चलने की हर अदा
आईना तुमको देखकर हैरान हो गया
एक बेजुबान तुमसे परेशान हो गया
कितनी भी तारीफ करूं रुकती नहीं जुबां
कुछ शेर...
हाथों का लोच, रस भरी आंखों की दास्तां
नाजुक हथेलियों पे तो मेंहदी का गुलिस्तां
पड़ जाए तुम पर धूप तो संवलाए गोरा तन
मखमल पे तुम चलो तो छिले पांव गुलबदन
कितनी भी तारीफ करूं रुकती नहीं जुबां
कुछ शेर...
आंखें अगर झुकें तो मुहब्बत मचल उठे
नजरें अगर उठें तो कयामत मचल उठे
अन्दाज में हुजूर का सानी नहीं कोई
दोनों जहां में ऐसी जवानी नहीं कोई
कितनी भी तारीफ करूं रुकती नहीं जुबां
कुछ शेर...
आवाज क्या है जैसे कोई बांसुरी बजे
जिस रागिनी को गा लो, वही रागिनी सजे
बातें करो तो खिलने लगें फूल प्यार के,
चुप रहो तो सूने लगें दिन बहार के
कितनी भी तारीफ करूं रुकती नहीं जुबां
कुछ शेर...

फिल्म : सुहागरात

गीत : इन्दीवर **संगीत : कल्याणजी-आनंदजी**

खुश रहो, हर खुशी है तुम्हारे लिए
छोड़ दो आंसुओं को, हमारे लिए
खुश रहो...
क्यूं उदासी की तस्वीर बनके खड़े
गम उठाने को दुनिया में हम जो पड़े
मुस्कुराने के दिन हैं, न आहें भरो
मेरे होते न खुद को, परेशां करो
खुश रहो, हर खुशी है तुम्हारे लिए....
बिजली चमके, तुम्हें डर की क्या बात है
रोशनी की यहां से शुरुआत है
टूटती है जो बिजली, मेरा घर तो है
जो अंधेरा है वो घर, मेरा घर तो है
खुश रहो, हर खुशी है तुम्हारे लिए...
तुम बहारों से शिकवा न करना कभी
दे दो कांटे हमें, फूल ले लो सभी
फूल कोई कुचल जाए, जब भूल में
सोच लेना कि हम मिल चुके धूल में
खुश रहो, हर खुशी है तुम्हारे लिए।

फिल्म : बावरे नयन

गीत : केदार शर्मा **संगीत : रोशन**

सहगायिका : गीतादत्त

खयालों में किसी के इस तरह आया नहीं करते
किसी बेवफा को आ-आ के तड़पाया नहीं करते
खयालों में...
दिलों को रौंदकर दिल अपना बहलाया नहीं करते
जो ठुकराए गए हों उनको ठुकराया नहीं करते
दिलों को...
हंसी फूलों की दो दिन चांदनी भी चार दिन की है
मिली हो चांद-सी सूरत तो इतराया नहीं करते
किसी को....

जिन्हें मिटना हो वो मिटने से डर जाया नहीं करते
मुहब्बत करने वाले गम से घबराया नहीं करते
किसी को....
मुहब्बत का सबक सीखो ये जाकर जलने वालों से
कि दिल की बात भी लब तक कभी लाया नहीं करते
जो ठुकराए....

फिल्म : मेला

गीत : शकील **संगीत : नौशाद**

गाए जा गीत मिलन के, तू अपनी लगन के
सजन घर जाना है...
काहे छलके नयनों की गगरी, काहे बरसे जल
तुम बिन सूनी साजन की नगरी, परदेसिया घर चल
प्यासे हैं दीप गगन के, तेरे दर्शन के
सजन घर जाना है...
लुट न जाए जीवन का डेरा, मुझको है ये गम
हम अकेले, ये जग लुटेरा, बिछड़े न मिलके हम
बिगड़े नसीब न बन के, ये दिन जीवन के
सजन घर जाना है....
डोले नयना प्रीतम के द्वारे, मिलन की है धुन
बालम तेरा तुझको पुकारे, याद आने वाले सुन
साथी मिलेंगे बचपन के, खिलेंगे फूल मन के
सजन घर जाना है...

फिल्म : अनीता

गीत : राजा मेहंदी अली खां संगीत : लक्ष्मीकांत-प्यारेलाल

गोरे-गोरे चांद से मुख पर काली-काली आंखें हैं
देख के जिनको नींद उड़ जाए वो मतवाली आंखें हैं
गोरे...गोरे...
मुंह से पल्ला क्या सरकाना
एक बिजली बादल से गिराना
दूर ही रहना इनसे कयामत
ढाने वाली आंखें हैं
गोरे-गोरे

ये दिन के अंधेरे हैं सब कुछ
ऐसी बात है इनमें क्या
आंखें-आंखें सब हैं बराबर
वो तो निराली आंखें हैं
गोरे-गोरे....
बिन देखे आराम नहीं है
देखें तो दिल का चैन गया
देखने वाले यूं कहते हैं
क्या भोली-भाली आंखें हैं
गोरे-गोरे...

फिल्म : भूल न जाना

गीत : हरीराम आचार्य **संगीत : दानसिंह**

गमे दिल किससे कहें कोई गमख्वार नहीं।
हैं सभी गैर यहां कोई हमराज नहीं
गमे दिल....
जख्मे दिल की ये जलन, काबिले इजहार नहीं
हैं सभी...
सिलसिला टूट गया, प्यार के अफसानों का
हो गया खाक चमन, तिनके बिखरा गयी
वो एक पुरजोर हवा, रह गए गम के निशां
गमे दिल....
हैं सभी...
आज अश्कों में बहे जाते हैं टूटे सपने
और ये दौर सितम किससे फरियाद करें
कौन सुने दिल की जुबां, है ये बेदर्द जहां
गमे दिल....
हैं सभी....

फिल्म : बम्बई का बाबू

गीत : शैलेन्द्र **गीत : एस.डी.बर्मन**

चल री सजनी, अब क्या सोचे
कजरा न बह जाए, रोते-रोते
बाबुल पछताए, हाथों को मल के

काहे दिया परदेस, टुकड़े को दिल के
आंसू लिए सोच रहा, दूर खड़ा रे...
चल री सजनी...
ममता का आंचल, गुड़ियों का अंगना
छोटी-बड़ी सखियां घर-गली अंगना
छूट गया, छूट गया, छूट गया रे...
चल री सजनी...
दुल्हन बन के, गोरी खड़ी है
कोई नहीं अपना, कैसी घड़ी है
कोई यहां, कोई वहां, कोई कहां रे...
चल री सजनी...

फिल्म : सम्बन्ध

गीत : प्रदीप **संगीत : ओ.पी.नैयर**

चल अकेला, चल अकेला, चल अकेला
तेरा मेला पीछे छूटा, राही चल अकेला...
हजारों मील लंबे रास्ते, तुझको बुलाते...हा...हा
वहां दुखड़े सहने के वास्ते तुझको बुलाते...हा..हा
है कौन-सा वो इन्सान यहां पर जिसने दु:ख ना झेला
चल अकेला, चल अकेला...
तेरा कोई साथ न दे तो खुद से प्रीति जोड़ ले
बिछौना धरती को करके अरे आकाश ओढ़ ले,
यहां पूरा खेल अभी जीवन का, तूने कहां है खेला
चल अकेला, चल अकेला, चल अकेला
तेरा मेला पीछे छूटा, राही चल अकेला...

फिल्म : फूल बने अंगारे

गीत : आनंद बख्शी **संगीत : कल्याणजी-आनंदजी**

चांद आहें भरेगा, फूल दिल थाम लेंगे
हुस्न की बात चली तो सब तेरा नाम लेंगे, चांद आहें...
ऐसा चेहरा है तेरा
जैसे रोशन सवेरा
जिस जगह तू नहीं है
उस जगह है अंधेरा

कैसे फिर चैन तुझ बिन, तेरा बस नाम लेंगे
हुस्न की बात चली...
आंखें नाजुक-सी कलियां
बातें मिसरी की डलियां
होंठ गंगा के साहिल
जुल्फें जन्नत की गलियां
तेरी खातिर फरिश्ते, सर पे इल्जाम लेंगे
हुस्न की बात चली...
चुप न होगी हवा भी
कुछ कहेगी घटा भी
और मुमकिन है तेरा
जिक्र कर दे खुदा भी
फिर तो पत्थर ही शायद, जब्त से काम लेंगे
हुस्न की बात चली...

फिल्म : लाल बंगला

गीत : हसरत जयपुरी **संगीत : उषा खन्ना**

चांद को क्या मालूम चाहता है उसे कोई चकोर
वो बेचारा दूर से देखे, करे न कोई शोर
चांद को...
दूर से देखे और ललचाए, प्यास जिया की बढ़ती जाए
बदली क्या जाने है पागल, किसी के मन का मोर
चांद को...
साथ चले तो साथ निभाना, मेरे साथी भूल न जाना
मैंने तुम्हारे हाथ में दे दी, अपनी जीवन-डोर
चांद को....

फिल्म : दिल ही तो है

गीत : साहिर **संगीत : रोशन**

सहगायिका : लता

मुकेश - चुरा ले ना तुमको ये मौसम सुहाना
कभी वादियों में अकेली न जाना
लता - सताता है मुझको ये मौसम सुहाना

मैं जाऊंगी तुम मेरे पीछे न आना
मुकेश - लिपट जाएगा कोई बेबाक झोंका
जवानी की रौ में न आंचल उड़ाना
लता - मेरे वास्ते तुम परेशां न होना
मुझे खूब आता है दामन बचाना
मैं जाऊंगी तुम मेरे पीछे न आना
मुकेश - घटा कभी चूम लेती है चेहरा
समझ-सोच के रुख से जुल्फें हटाना
लता - घटा मेरे नजदीक आके तो देखे
इन आंखों ने सीखा है बिजली गिराना
मुकेश - तुम एक फूल हो कहां ढूंढूंगा तुमको
कहीं मिलके फूलों में गुम हो न जाना
लता - जो फूलों की रंगत मिली भी तो क्या है
जुदा मेरी खुशबू, जुदा मुस्कराना
मैं जाऊंगी तुम मेरे पीछे न आना

फिल्म : संन्यासी

गीत : वर्मा मलिक **संगीत : शंकर-जयकिशन**

सहगायिका : लता

लता - चल संन्यासी मंदिर में, तेरा चिमटा मेरी चूड़ियां
दोनों साथ निभाएंगे साथ-साथ खनकाएंगे
मुकेश - क्यों हम जाएं मन्दिर में, पाप है तेरे अंदर में
लेकर माला कण्ठ दुशाला राम नाम गुण गाएंगे...
लता - चल संन्यासी....
लता - रेशम-सा ये रूप सलोना, यौवन है या तपता सोना
ये तेरी मोहिनी सी सूरत कर गई मुझपे हाय जादू-टोना
मुकेश - कैसा जादू-टोना सारी मन की ये माया है
तुझपे देवी किसी रोग की पड़ी विकट छाया है
लता - चल संन्यासी....
तेरा कमण्डल मेरी गगरिया साथ-साथ छलकाएंगे
मुकेश - क्यों हम जाएं मंदिर में, पाप है तेरे अंदर में
हम तो जोगी राम के रोगी धूनी अलग रमाएंगे
लता - चल संन्यासी...

जागे-जागे सो जाती हूं, सपनों में खो जाती हूं
जब तू मेरा हो जाता है पिया, मैं तेरी हो जाती हूं

मुकेश - सपनों में मर जाकर मानव सच्चा सुख खोता है
अरे राम नाम जपते रहने से कष्ट दूर होता है

लता - चल संन्यासी...
तेरा चोला मेरी चुनरिया साथ-साथ रंगवाएंगे

मुकेश - क्यों हम जाएं मंदिर में, पाप है तेरे अंदर में
छोड़ झमेले बैठ अकेले जीवन सफल बनाएंगे

लता - मन से मन का दीप जला ले
मधुर मिलन की ज्योति जगा ले
पूरन कर दे मेरी आशा आज मुझे अपना ले

लता - चल संन्यासी...

मुकेश - मन से मन का दीप जलाना मुझे नहीं आता है
बस पूजा की जोत लगाना मुझे यही आता है

लता - चल संन्यासी...
मेरा रूप और तेरी जवानी मिलकर ज्योति जलाएंगे

मुकेश - क्यों हम जाएं मंदिर में पाप है तेरे अंदर में
धर्म छोड़कर ध्यान छोड़कर पाप नहीं अपनाएंगे

लता - प्रेम है पूजा प्रेम ही पूजन, प्रेम जगत है प्रेम ही जीवन
मत कर तू अपमान प्रेम का, प्रेम है प्रभु का बड़ा ही पावन

लता - चल संन्यासी...

मुकेश - प्रेम-प्रेम करके मुझको कर देगी अब तू पागल
मेरा धीरज डोल रहा है लाज रखे गंगा जल,
चल तेरी माला मेरा गजरा गंगा साथ नहाएंगे...

फिल्म : विश्वास

गीत : गुलशन बावरा **संगीत : कल्याणजी-आनंदजी**

चांदी की दीवार न तोड़ी, प्यार भरा दिल तोड़ दिया
इक धनवान की बेटी ने, निर्धन का दामन छोड़ दिया
चांदी की दीवार....

कल तक जिसने कसमें खाईं, दुःख में साथ निभाने की
आज वो अपने सुख की खातिर, हो गई एक बेगाने की
शहनाईयों की गूंज में दब के, रह गई आह दीवाने की
धनवानों ने दीवाने का, गम से रिश्ता जोड़ दिया

इक धनवान की बेटी ने....
वो क्या समझें प्यार को जिनका, सब कुछ चांदी-सोना है
धनवानों की इस दुनिया में, दिल तो एक खिलौना है
सदियों से दिल टूटता आया, दिल का बस यह रोना है
जब तक चाहा दिल से खेला, और जब चाहा तोड़ दिया
इक धनवान की बेटी ने ....

फिल्म : गीत गाया पत्थरों ने

गीत : आनंद बख्शी **संगीत : लक्ष्मीकांत-प्यारेलाल**

चंचल, शीतल, निर्मल, कोमल
संगीत की देवी स्वर सजनी
सुंदरता की हर प्रतिमा से
बढ़ के तू है सुन्दर सजनी
कहते हैं जहां न रवि पहुंचे
कहते हैं वहां पर कवि पहुंचे
तेरे रंग-रूप की छाया तक
न रवि पहुंचे न कवि पहुंचे
मैं छूने लगूं तू उड़ जाए
परियों के हैं तेरे पर सजनी
चंचल, शीतल...
तेरे रसवंती होंठों का
मैं गीत कोई बन जाऊंगा
सरगम के फूलों से तेरे
सपनों की सेज सजाऊंगा
डोली में बैठ के आएगी
जब तू साजन के घर सजनी
चंचल, शीतल...
ऐसा लगता है, टूट गए सब तारे
टूटकर सिमट गए
गोरे-गोरे इक चंदा से लिपट गए
बनकर नथ, कंगन, करधनियां
घुंघरू, झुमके, झूमर सजनी
चंचल, शीतल...

फिल्म : इशारा

गीत : इन्दीवर **संगीत : कल्याणजी-आनंदजी**

चल मेरे दिल, लहरा के चल, मौसम भी है, वादा भी है
उसकी गली का फासला, थोड़ा भी है, ज्यादा भी है
चल मेरे दिल....
मैं हूं राही, प्यार का राही, मेरी मंजिल प्यार की गलियां
दिल में बसी है, हुस्न की सूरत, आंखों में दिलदार की गलियां
आंखों में दिलदार की गलियां
चल मेरे दिल, लहरा के चल, मौसम भी है, वादा भी है
उसकी गली का फासला, थोड़ा भी है, ज्यादा भी है
चल मेरे दिल...
उसकी चाहत, उसकी तमन्ना, हो तो हो बेकार का सपना
घर से निकलना, यार से मिलना, ये तो कारोबार है अपना
ये तो कारोबार है अपना
चल मेरे दिल, लहारा के चल, मौसम भी है, वादा भी है
उसकी गली का फासला, थोड़ा भी है, ज्यादा भी है
चल मेरे दिल...

फिल्म : आह

गीत : शैलेन्द्र **संगीत : शंकर-जयकिशन**

छोटी-सी ये जिन्दगानी रे, चार दिन की जवानी तेरी,
हाय रे हाय, गम की कहानी तेरी....
छोटी-सी ये...
शाम हुई ये देश वीराना, तुझको अपने बलम घर जाना
सजन घर जाना
राह में मूरख मत लुट जाना...मत लुट जाना
छोटी-सी ये जिन्दगानी रे....
बाबुल का घर छूटा जाए, अंखियन घोर अंधेरा छाए
जी दिल घबराए....
आंख से टपके दिल का खजाना...दिल का खजाना
छोटी-सी ये जिन्दगानी...चार दिन की जवानी तेरी
हाय रे हाय गम की कहानी तेरी...

फिल्म : छलिया

गीत : कमर जलालाबादी संगीत : कल्याणजी-आनंदजी

छलिया मेरा नाम
छलना मेरा काम
हिन्दू, मुस्लिम, सिक्ख, ईसाई
सबको मेरा सलाम
छलिया मेरा नाम...
देखो लोगों, जरा ये सोचो, बनी कहानी कैसे
तुमने मेरी रोटी छीनी, मैंने छीने पैसे
सीखा तुमने काम
हो गया मैं बदनाम
हिन्दू, मुस्लिम, सिक्ख, ईसाई
सबको मेरा सलाम
छलिया मेरा नाम...
रोक रहे हैं, राहें मेरी नैना तीखे-तीखे
हम तो केवल माल के रसिया, इश्क नहीं हम सीखे
जहां भी देखा काम
वहीं लगाया दाम
हिन्दू, मुस्लिम, सिक्ख, ईसाई
सबको मेरा सलाम
छलिया मेरा नाम...
मैं हूं गलियों का शहजादा, जो चाहे वो ले लूं
शहजादे तलवार से खेलें, मैं कैंची से खेलूं
मेहनत मेरा काम
देना उसका काम
हिन्दू, मुस्लिम, सिक्ख, ईसाई
सबको मेरा सलाम
छलिया मेरा नाम...

फिल्म : हम हिन्दुस्तानी

गीत : प्रेम धवन संगीत : ऊषा खन्ना

छोड़ो कल की बातें, कल की बात पुरानी
नए दौर में लिखेंगे, हम मिलकर नई कहानी

हम हिन्दुस्तानी, हम हिन्दुस्तानी...
आज पुरानी जंजीरों को तोड़ चुके हैं
क्या देखें उस मंजिल को जो छोड़ चुके हैं
चांद के दर पे जा पहुंचा है आज जमाना
नए जगत से हम भी नाता जोड़ चुके हैं
नया खून है, नई उमंगें, अब है नई जवानी
हम हिन्दुस्तानी...
कितने ताजमहल हैं, हमको और बनाने
कितने ही अजन्ता हमको और सजाने
अभी पलटना है रुख दरियाओं का
कितने पर्वत राहों से हैं आज हटाने
नया खून है नई उमंगें अब है नई जवानी
हम हिन्दुस्तानी...
आओ मेहनत को अपना ईमान बनाएं
अपने हाथ से अपना भगवान बनाएं
राम की धरती को, गौतम की भूमि को
सपनों से भी प्यारा हिन्दुस्तान बनाएं
नया खून है नई उमंगें अब है नई जवानी
हम हिन्दुस्तानी...हम हिन्दुस्तानी...

फिल्म : संत ज्ञानेश्वर

गीत : भरत व्यास **संगीत : लक्ष्मीकांत-प्यारेलाल**

ज्योति से ज्योति जलाते चलो
प्रेम की गंगा बहाते चलो
राह में आए जो दीन-दुखी
सबको गले से लगाते चलो।
प्रेम की....
जिसका ना कोई संगी-साथी,
ईश्वर है रखवाला,
जो निर्धन है जो निर्बल है,
वो है प्रभु का प्यारा
प्यार के मोती लुटाते चलो।
प्रेम की....
आशा टूटी ममता रूठी

छूट गया है किनारा
बन्द करो मत द्वार दया का
दे दो मुझको सहारा
दीप दया का जलाते चलो।
प्रेम की...

फिल्म : दूल्हा-दुल्हन

गीत : इन्दीवर **संगीत : कल्याणजी-आनंदजी**

जो प्यार तूने मुझको दिया था
वो प्यार तेरा मैं लौटा रहा हूं
अब तुझको कोई शिकवा न होगा
तेरी जिन्दगी से चला जा रहा हूं
हमको खबर भी होने नहीं दी
किस मोड़ पर लाके दिल तूने तोड़ा
अपना बनाना रहा दूर तूने
औरों के हो जाएं, ऐसा न छोड़ा
तेरी वफा का चर्चा भी कैसा
अपनी वफा से मैं शरमा रहा हूं
जो प्यार....
पीछे न अब कोई आएगा तेरे
अब कोई तुझको न आवाज देगा
मुड़कर किसे देखता है मेरे दिल,
तेरा कौन है जो तुझे रोक लेगा
उनको मुबारक जमाने की खुशियां
मिटना है मुझको मिटा जा रहा हूं..
जो प्यार..

फिल्म : मेरा नाम जोकर

गीत : हसरत जयपुरी **संगीत : शंकर-जयकिशन**

जाने कहां गए वो दिन, कहते थे तेरी राह में
नजरों को हम बिछाएंगे, चाहे कहीं भी तुम रहो
चाहेंगे तुमको उम्र भर, तुमको न भूल पाएंगे,
जाने कहां....
मेरे कदम जहां पड़े, सजदे किए थे यार ने

मुझको रुला-रुला दिया, जाती हुई बहार ने
जाने कहां...
अपनी नजर में आजकल, दिन भी अंधेरी रात है
साया ही अपने साथ था साया ही अपने साथ है
जाने कहां....

फिल्म : मर्यादा

गीत : आनंद बख्शी **संगीत : कल्याणजी-आनंदजी**

जुबां पे दर्द भरी दास्तां चली आई
बहार आने से पहले खिजां चली आई, जुबां पे...
खुशी की चाह में मैंने उठाए रंज बड़े,
मेरा नसीब कि मेरे कदम जहां भी पड़े,
ये बदनसीबी भी मेरी वहां चली आई, जुबां पे....
उदास रात है वीरान दिल की महफिल है
न हमसफर है कोई और न कोई मंजिल है
ये जिन्दगी मुझे लेकर कहां चली आई, जुबां पे...

फिल्म : सहेली

गीत : इन्दीवर **संगीत : कल्याण जी-आनंदजी**

जिस दिल में बसा था प्यार तेरा
उस दिल को कभी का तोड़ दिया, हाय तोड़ दिया...
बदनाम न होने देंगे तुझे, तेरा नाम ही लेना छोड़ दिया, हाय....
जब याद कभी तुम आओगे, समझेंगे तुम्हें चाहा ही नहीं
राहों में अगर मिल जाओगे, सोचेंगे तुम्हें देखा ही नहीं
जो दर पे तुम्हारे जाती थीं, उन राहों को हमने मोड़ दिया
हाय मोड़ दिया, जिस दिल....
हम कौन किसी के होते हैं, कोई हमको याद करेगा क्यूं
अपने दो आंसू भी हम पर, कोई बरबाद करेगा क्यूं
उस मांझी से न गिला हमको, मझधार में जिसने छोड़ दिया
हाय छोड़ दिया, जिस दिल....

फिल्म : छोटी बहन

गीत : शैलेन्द्र **संगीत : शंकर-जयकिशन**

जाऊं कहां बता ऐ दिल, दुनिया बड़ी है संगदिल
चांदनी आई घर जलाने, सूझे न कोई मंजिल, जाऊं...
बन के टूटे यहां आरजू के महल
ये जमीं-आसमां भी गए हैं बदल
कहती है जिन्दगी इस जहां से निकल, जाऊं....
हाय इस पार तो आंसुओं की डगर
जाने उस पार क्या हो किसे ये खबर
ठोकरें खा रही हर कदम पे नजर
जाऊं....

फिल्म : अराउण्ड द वर्ल्ड

गीत : शैलेन्द्र, मजरूह **संगीत : शंकर-जयकिशन**

जोशे जवानी हाय रे हाय, निकले जिधर से धूम मचाए
दुनिया का मेला, मैं हूं अकेला, कितना अकेला हूं मैं
शाम की रंगीं शोख नजारा और बेचारा ये दिल
ढूंढ के हारा, कोई सहारा, पर न मिली मंजिल
दुनिया का मेला.....
कोई तो हमसे दो बातें करता, कोई तो कहता हैलो
घर न बुलाता, पर ये तो कहता कुछ दूर तक संग चलो
दुनिया का मेला...
बेकार गुजरे, हम इस तरफ से, बेकार था ये सफर
अब दर-बदर की खाते हैं ठोकर राजा थे हम अपने घर
दुनिया का मेला, मैं हूं अकेला, कितना अकेला हूं मैं...

फिल्म : आया तूफान

गीत : जां निसार अख्तर **संगीत : गणेश**

सहगायिका : लता व कमल बारोट

मुकेश – जरा संभालना मेरी जां अपनी निगाहें
कि तेरा-मेरा नया-नया प्यार हुआ है
कि तेरा-मेरा...

लता - न छेड़ आज हैं और ही दिल की अदाएं
कि तेरा-मेरा नया-नया प्यार हुआ है
कि तेरा-मेरा..
चांद उतर आया, जैसे जमीं पे
दुनिया नजर आई हमको यहीं पे

मुकेश - तुझे अपनी बहारों की खबर है कि नहीं
तेरी अपने इशारों पे नजर है कि नहीं

लता - तेरी नजर जानें हाय अपनी हमें क्या खबर

कमल - रंग निखर आया है आज तुझे देखकर

मुकेश - यहीं पे रोक ले मेरी जां अपनी निगाहें
कि तेरा-मेरा नया-नया प्यार हुआ है
कि तेरा-मेरा...

मुकेश - तेरे कदम आए, दिल के चमन में
बिजली सी लहराई सारे बदन में

लता - चलो चुभा नहीं तीरे नजर कुछ तो हुआ

कमल - मेरे दिल का तेरे दिल पे असर कुछ तो हुआ

मुकेश - देख मेरे सपनों का शीश महल तोड़के
अब न कहीं जाना तू साथ मेरा छोड़के

लता - अभी न आजमा साजना मेरी वफाएं
कि तेरा-मेरा नया-नया प्यार हुआ है
कि तेरा-मेरा...

मुकेश - जरा संभालना, मेरी जां अपनी निगाहें

लता - कि तेरा-मेरा नया-नया प्यार हुआ है

दोनों - कि तेरा-मेरा नया-नया प्यार हुआ है

फिल्म : गेस्ट हाउस

गीत : राजेन्द्र कृष्ण **संगीत : चित्रगुप्त**

जिसका जूता उसी का सर, दिल हैं छोटे बड़ा शहर
अरे वाह रे वाह तेरी बम्बई
खाया धोखा गए जिधर, देखो किस्मत फंसे किधर
अरे वाह रे वाह तेरी बम्बई
आके यहां क्या मिल गया, जेब कटी और दिल गया

रंग तेरे इस शहर के देख, कलेजा हिल गया
माल ना सही, जात तो बची, भाग-भाग मिस्टर
जिसका जूता उसी का....
मेम फिरे किस आन से, साथ है कुत्ता शान से
देख नाजनीं, हम भी हसीं, इतना नाज ना कर
जिसका जूता उसी का....
पास में मोटरकार हो, बैंक में तीस हजार हो
प्यार यहां तब कीजिए, माल ये जब सरकार हो
ना तो सूट है, ना तो बूट है, देख प्यार से डर
जिसका जूता उसी का सर...

फिल्म : अंदाज

गीत : मजरूह **संगीत : नौशाद**

झूम-झूम के, नाचो आज, नाचो आज
गाओ खुशी के गीत, हो गाओ...
आज किसी की, हार हुई है
आज किसी की जीत, हो
गाओ खुशी के गीत...
कोई किसी की, आंख का तारा
जीवन साथी, साजन प्यारा
और कोई तकदीर का मारा
ढूंढ रहा है दिल का सहारा
किसी को दिल का दर्द मिला है
किसी को मन का मीत, हो
गाओ खुशी के गीत...
देखो तो कितना खुश है जमाना
दिल में उमंगें लब पे तराना
दिल जो दुखे आंसू न बहाना
ये तो यहां का ढंग पुराना
इसको बनाना उसको मिटाना
इस नगरी की रीति....हो
गाओ खुशी के गीत...

फिल्म : संगीत सम्राट तानसेन

गीत : शैलेन्द्र **संगीत : एस.एन.त्रिपाठी**

झूमती चली हवा, याद आ गया कोई
बुझती-बुझती याद को, फिर जला गया कोई
झूमती चली हवा...
खो गई हैं मंजिलें, मिट गए हैं रास्ते
गर्दिशें ही गर्दिशें, अब हैं मेरे वास्ते
और ऐसे में मुझे फिर बुला गया कोई
झूमती चली....
चुप हैं चांद-चांदनी, चुप ये आसमान है
मीठी-मीठी नींद में सो रहा जहान है
आज आधी रात को
क्यों जगा गया कोई
झूमती चली...

फिल्म : छलिया

डम-डम डिगा-डिगा, मौसम भीगा-भीगा
बिन पिए मैं तो गिरा...मैं तो गिरा
हाय अल्ला, सूरत आपकी सुभान अल्ला
तेरी अदा वाह-वाह क्या बात है
अंखियां झुकी-झुकी, बातें रुकी-रुकी
देखो लुटेरा आज लुट गया, हाय अल्ला...
सूरत आपकी सुभान अल्ला...
सनम हम माना गरीब हैं
धंधा खोटा सही, बंदा छोटा सही
दिल ये खजाना है प्यार का
हाय अल्ला...सूरत आपकी सुभान अल्ला...
तेरी कसम तू मेरी जान है
मुखड़ा भोला-भाला, छुप के डाका डाला
जाने तू कैसी मेहमान है, हाय अल्ला...
सूरत आपकी सुभान अल्ला...
डम-डम डिगा-डिगा...

फिल्म : बावरे नैन

गीत : केदार शर्मा **संगीत : रोशन**

तेरी दुनिया में दिल लगता नहीं, वापस बुला ले
मैं सजदे में गिरा हूं मुझको ऐ मालिक उठा ले
तेरी दुनिया में...
बहार आई थी किस्मत ने मगर ये गुल खिलाया
जलाया आशियां सैयाद ने पर नोच डाले
मुझको ऐ मालिक...
भंवर का सर न चकराए न दिल लहरों का डूबे
लो कश्ती आप कर दी मैंने तूफां के हवाले,
मुझको ऐ मालिक....

फिल्म : हरियाली और रास्ता

गीत : शैलेंद्र **संगीत : शंकर-जयकिशन**

तेरी याद दिल से भुलाने चला हूं
कि खुद अपनी हस्ती मिटाने चला हूं
तेरी याद.... कि खुद...
घटाओं तुम्हें साथ देना पड़ेगा
मैं फिर आज आंसू बहाने चला हूं
तेरी याद... कि खुद...
कभी जिस जगह ख्वाब देखे थे मैंने
वहीं खाक अपनी उड़ाने चला हूं
तेरी याद... कि खुद....
गमे इश्क से फूंक दे मेरा दामन
मैं अपनी लगी यूं बुझाने चला हूं
तेरी याद... कि खुद....

फिल्म : दीदी

गीत : साहिर **संगीत : रोशन**

सहगायिका : सुधा

सुधा-तुम मुझे भूल भी जाओ, तो ये हक हैतुमको
मेरी बात और है मैंने तो मोहब्बत की है
मेरे दिल की मेरी जज्बात की कीमत क्या है

उलझे-उलझे ख्यालात की कीमत क्या है
मैंने क्यों प्यार किया, तुमने न क्यों प्यार किया
इन परेशान सवालात की कीमत क्या है
तुम जो ये भी न बताओ तो ये हक है तुमको,
मेरी बात...

मुकेश - जिन्दगी सिर्फ मोहब्बत नहीं कुछ और भी है
जुल्फो-रुखसार की जन्नत नहीं कुछ और भी है
भूख और प्यास की मारी हुई इस दुनिया में
इश्क ही एक हकीकत नहीं, कुछ और भी है
तुम अगर आंख चुराओ तो ये हक है तुमको
मैंने तुमसे ही नहीं, सबसे मोहब्बत की है

सुधा - तुमको दुनिया के गमो-दर्द से फुर्सत न सही
सबसे उल्फत सही, मुझसे मुहब्बत न सही
मैं तुम्हारी हूं यही मेरे लिए क्या कम है
तुम मेरे हो के न हो यह मेरी किस्मत न सही
और भी दिल को जलाओ तो ये हक है तुमको,
मेरी बात और है, मैंने तो मुहब्बत की है
तुम मुझे भूल भी जाओ तो ये हक है तुमको
मेरी बात और है, मैंने तो मोहब्बत की है...

फिल्म : आशिक

गीत : शैलेन्द्र **संगीत : शंकर-जयकिशन**

तुम जो हमारे मीत न होते, गीत हमारे गीत न होते
हंस के जो तुम ये रंग न भरते
ख्वाब ये मेरे ख्वाब न होते, तुम जो हमारे...
तुम जो न सुनते क्यों गाता मैं
बेबस घुट के रह जाता मैं,
तुम जो....
सूनी डगर का एक सितारा
झिलमिल-झिलमिल रूप तुम्हारा
जी करता है उड़कर आऊं
सामने बैठूं और दोहराऊं
तुम जो....

फिल्म : पूर्णिमा

गीत : इन्दीवर **संगीत : कल्याणजी-आनंदजी**

तुम्हें जिंदगी के उजाले मुबारक
अन्धेरे हमें आज, रास आ गए हैं
तुम्हें पा के हम खुद से दूर हो गए थे
तुम्हें छोड़कर अपने पास आ गए हैं
तुम्हारी वफा से नहीं है रिवायत
निभाना तो कोई नहीं है शिकायत
जहां तक कदम आ सके आ गए हैं
अन्धेरे हमें आज, रास आ गए हैं
चमन से चले हैं, ये इल्जाम लेकर
बहुत जी लिए हम, तेरा नाम लेकर
मुरादों की मंजिल से दूर आ गए हैं
अन्धेरे हमें आज, रास आ गए हैं

फिल्म : आस का पंछी

गीत : शैलेन्द्र **संगीत : शंकर-जयकिशन**

सहगायिका : लता

मुकेश - तुम रूठी रहो, मैं मनाता रहूं
कि इन अदाओं पे और प्यार आता है
लता - थोड़े शिकवे भी हों, कुछ शिकायत भी हों
तो मजा जीने का और भी आता है
मुकेश - हाय दिल को चुराकर ले गया
मुंह छुपा लेना हमसे वो आपका
देखना वो बिगड़ कर फिर हमें
और दांतों में उंगली का दबाना
ओ मुझे तेरी कसम ये ही समां मार गया
इसी जलवे पे तेरे दोनों जहां हार गया, तुम रूठी...
लता - थोड़े शिकवे भी हों...तो मजा जीने का...
ये न समझो कि तुमसे दूर हूं
तेरे जीवन की प्यार भरी आस हूं
चांद के संग जैसे है चांदनी

वैसे मैं भी तेरे दिल के पास हूं
हाय वो दिल ही नहीं जो न धड़कना जाने
और दिलदार नहीं जो न तड़पना जाने,
थोड़े शिकवे...

मुकेश – तुम रूठी रहो...
चाहे कोई डगर हो प्यार की, खत्म होगी न तेरी-मेरी दास्तां
दिल जलेगा तो होगी रोशनी, तेरे दिल में बनाया है आशियां
ओ शरद-पूनम की रंग भरी चांदनी
मेरी सब कुछ मेरी तकदीर मेरी जिन्दगी
तुम रूठी रहो....मैं....

फिल्म : शबनम

गीत : जावेद अख्तर **संगीत : ऊषा**

तेरी निगाहों पे मर-मर गए हम
बाकी अदाओं पे मर-मर गए हम
क्या करें, क्या करें जी क्या करें
जुल्फों में ले के सारी रात चले
सारा जमाना लिए साथ चले
ऐसे में जीने का मजा है सनम
आंखों में तेरी-मेरी बात चले
बेवफा इक निगाह
देख ले, देख भी ले
वल्लाह बेघर बेनाम हूं मैं
दिल ने जो भेजा वह सलाम हूं मैं
साकी की जिस पर नजर न हुई
ऐसा ही प्यासा एक जाम हूं मैं
बेवफा इक निगाह
देख ले, देख भी ले
तेरी अदा का तो जवाब नहीं
मेरी वफा का भी हिसाब नहीं
सूरत तुम्हारी बड़ी खूब सही
दिल तो हमारा भी खराब नहीं
बेवफा इक निगाह
देख ले, देख भी ले

फिल्म : दिल ही तो है

गीत : साहिर **संगीत : रोशन**

दिल जो भी कहेगा मानेंगे
दुनिया में हमारा दिल ही तो है
हर हाल में जिसने साथ दिया
वह एक बेचारा दिल ही तो है
कोई साथी न कोई सहारा
कोई मंजिल न कोई किनारा
रुक गए, जहां दिल ने रोका
चल दिए जिस जगह दिल पुकारा
हम प्यार के प्यासे लोगों की
मंजिल का इशारा दिल ही तो है
दुनिया में...
दिल जो भी....
अपनी जिन्दगी के सहारे
हमने दिन जिन्दगी के गुजारे
बेमुरव्वत इस जहां में
हर चीज है दौलत वालों की
मुफलिस का सहारा दिल ही तो है
दुनिया में....
दिल जो भी....

फिल्म : दीवाना

गीत : शैलेन्द्र **संगीत : शंकर-जयकिशन**

दीवाना मुझको लोग कहें
मैं समझूं जग है दीवाना...
हंसता है कोई सूरत पे मेरी
हंसता है कोई हालत पे मेरी
छोटा ही सही पर दिल है बड़ा
मैं झूमता पैमाना
दीवाना मुझको लोग...
मैं इन्सां सीधा-सादा हूं

ईमान का मैं शहजादा हूं
है कौन बुरा मालिक मेरा
मैं प्यार का परवाना
दीवाना मुझको लोग...
मैं प्यार की खातिर मिट जाऊं
और प्यार की खातिर लुट जाऊं
चलता ही रहूं राहे-मंजिल
अंजाम से बेगाना
दीवाना मुझको लोग....

फिल्म : तीसरी कसम

गीत : शैलेन्द्र **संगीत : शंकर-जयकिशन**

दुनिया बनाने वाले क्या तेरे मन में समाई
काहे को दुनिया बनाई, तूने काहे को....
काहे बनाए तूने माटी के पुतले
धरती ये प्यारी-प्यारी, मुखड़े ये उजले
काहे बनाया तूने दुनिया का खेला
उसमें लगाया जवानी का मेला
चुप-चुप तमाशा देखे, वाह रे तेरी खुदाई
तूने काहे को....
प्रीति बना के तूने जीना सिखाया
हंसना सिखाया, रोना सिखाया
जीवन के पथ पर मीत मिलाए
मीत मिला के तूने सपने सजाए
सपने जगा के तूने
काहे को दे दी जुदाई
तूने काहे को...

फिल्म : अनोखी रात

गीत : इन्दीवर **संगीत : रोशन**

दुल्हन से तुम्हारा मिलन होगा, ओ मन थोड़ा धीर धरो
बांहों में चांदी का बदन होगा, ओ मन थोड़ा धीर धरो
चांद परी है चंचल है वो, तेरी है चितचोर
मुखड़े को ही तकते-तकते हो जाएगी भोर

गोरे तन का तुम्हें दर्शन होगा, ओ मन थोड़ा धीर धरो
वो है तेरी पदमनिया और तू बांका राजपूत,
गज भर की छाती रखता है, दिल भी रख मजबूत
नयनों-नयनों में रण होगा, ओ मन थोड़ा धीर धरो
बांहों में चांदी का बदन होगा...

फिल्म : दो रास्ते

गीत : आनंद बख्शी **संगीत : लक्ष्मीकांत-प्यारेलाल**

दो रंग दुनिया के और दो रास्ते
दो रूप जीवन के जीने के वास्ते, दो रंग...
सोच-समझ के पांव रखे, समझा दो हर दीवाने को
इक रास्ता मंदिर को जाए, इक जाए मैखाने को
रास्ता भूल न जाए, राही धोखा न खाए, दो रंग....
एक हैं ऐसे लोग जो औरों की खातिर जीते हैं
दूसरे वो जो अपनी खातिर अपनों का खून पीते हैं
कोई फूल खिलाए, जग में कोई कांटे बिखराए,
दो रंग दुनिया के....

फिल्म : यहूदी

गीत : शैलेन्द्र **संगीत : शंकर-जयकिशन**

दिल से तुझको बेदिली है मुझको है दिल का गरूर
तू ये माने या ना माने लोग मानेंगे जरूर
ये मेरा दीवानापन है या मोहब्बत का सरूर
तू न पहचाने तो है ये तेरी नजरों का कसूर,
ये मेरा दीवानापन है...
दिल को तेरी ही तमन्ना, दिल को है तुझसे ही प्यार
चाहे तू आए न आए हम करेंगे इन्तजार
ये मेरा दीवानापन है....
ऐसे वीराने में एक दिन, घुट के मर जाएंगे हम
जितना जी चाहे पुकारो, फिर नहीं आएंगे हम
ये मेरा दीवानापन है....

फिल्म : हम लोग

गीत : आदिल-उद्धव **संगीत : रोशन**

दिल की परेशानियां, इश्क की वीरानियां
कौन सुनेगा मेरी दर्द भरी दास्तां, दर्द भरी दास्तां
दिल को मेरे तोड़के, साथ मेरा छोड़के
तूने तो सब पा लिया, मैंने गंवाया जहां, दर्द भरी दास्तां
दिल में तेरी याद है, फिर भी ये बर्बाद है
दिल में तेरी याद है, फिर भी ये बर्बाद है
तू ही बता दे मुझे मैं हूं कहां तू कहां
मैं हूं कहां, तू कहां, दर्द भरी दास्तां
दिल की परेशानियां...
तेरी नजर क्या फिरी, फिर गई तकदीर भी
रोने लगी जिन्दगी, हंसने लगा आसमां
हंसने लगा आसमां, दर्द भरी दास्तां
दिल की परेशानियां....

फिल्म : गोरा और काला

गीत : आनंद बख्शी **संगीत : लक्ष्मीकांत-प्यारेलाल**

सहगायिका : लता

लता – धीरे-धीरे बोल कोई सुन ना ले
सुन ना ले कोई सुन ना ले
सेज से कलियां चुन ना ले
चुन ना ले कोई चुन ना ले
मुकेश – हमको किसी का डर नहीं,
कोई जोर जवानी पर नहीं
धीरे-धीरे ....
मुकेश – कुछ कह ले कुछ कर ले ये संसार
हम प्रेमी हैं हम तो करेंगे प्यार
लता – कोई देख ले....
मुकेश – तो देख ले
लता – कोई जान ले...
मुकेश – तो जान ले
कोई दोष हमारे सर नहीं, कोई जोर...

लता – बातों के बदले आंखों से लो काम
वरना हम हो जाएंगे रे बदनाम
नादान तुम
मुकेश – अन्जान तुम
लता – बेईमान तुम
मुकेश – बेईमान तुम
क्यों चैन तुम्हें पल भर नहीं, कोई जोर...
मुकेश – एक-एक दिन अब लगता है एक साल
लता – तेरे बिन अब मेरा भी यही हाल
मुकेश – आ प्यार कर...
लता – दुनिया से डर
मुकेश – मत दूर जा
लता – मत पास आ...
मुकेश – मैं शीशा हूं पत्थर नहीं
कोई जोर....धीरे...धीरे...

फिल्म : बेदर्द जमाना क्या जाने

गीत : भरत व्यास **संगीत : कल्याणजी-आनंदजी**

नैना हैं जादू भरे,
ओ गोरी तेरे नैना हैं जादू भरे
ओ हम पे, छुप-छुप जुलम करें
ओ गोरी, तेरे नैना हैं जादू भरे
तीर चलें पर, देख न पाएं
छुप-छुप वार करें
ओ कजरा लगा के, नजरें घुमाके
सीने के पार करें
हाय, तेरे नैना हैं जादू भरे
ओ गोरी तेरे....
भोले-भोले, मद के प्याले
छलक-छलक छलके
देख अदा तेरी, दिल छैलों के
रह जाएं जल-जल के
हाय, तेरे नैना हैं जादू भरे
ओ गोरी, तेरे...

फिल्म : बरसात

गीत : हसरत जयपुरी **संगीत : शंकर-जयकिशन**

सहगायिका : लता

मुकेश – पतली कमर है, तिरछी नजर है
खिले फूल-सी तेरी जवानी
कोई बताए कहां कसर है
लता – ओ आजा मेरे मनचाहे बालम
आजा तेरा आंखों में घर है
आजा तेरा आंखों में घर है...
मुकेश – मैं चंचल मदमस्त पवन हूं
झूम-झूम हर कली को चूमूं
लता – बिछड़ गई मैं घायल हिरणी
तुझको ढूंढूं वन वन घूमूं
मुकेश – मेरी जिन्दगी मस्त सफर है
पतली कमर है...तिरछी नजर है...
लता – तुम बिन नैनों की बरसातें
रोक न पाऊं लाख मनाऊं
मुकेश – मैं बहते दरिया का पानी
खेल किनारे से मिल जाऊं
नया नगर नित नई डगर है...
पतली कमर है...तिरछी नजर है...
लता – ओ आ मेरे मनचाहे बालम
आजा तेरा आंखों में घर है
पतली कमर है...तिरछी नजर है...

फिल्म : अनुराग

गीत : इन्दीवर **संगीत : मुकेश**

पल भर ही की पहचान में परदेसी सनम से
लगता है कि हम जानते हों जनम-जनम से
निगाहें चौकीं, दिल किसी दूसरी दुनिया में खो गया
किसे देखा है, कि जिन्दगी से मुझे प्यार हो गया
किसने महका दिया है, आके राहों को मेरी
राहों के भाग जाग गए किसके कदम से

लगता है कि हम जानते हों जनम-जनम से
पल भर ही की पहचान में...
किसी जीवन में सही, तुमसे मेरी प्रीति रही
तुमसे मेरी प्रीति रही
जो गीत भूल गए, आज लगते हैं नए
अहसान है किस्मत का मिलाया तुम्हें हमसे
लगता है कि हम जानते हों जनम-जनम से
लगता है कि हम जानते हों जनम-जनम से
जरा शर्माना और मुस्काना है निशानी प्यार की
बिना बोले ही नैन कह देते हैं कहानी प्यार की
जिसने दिल हार दिया, उसने जग जीत लिया
दिल देके क्या मिला न कहा जाएगा हमसे
लगता है कि हम जानते हों जनम-जनम से
लगता है कि हम जानते हों जनम-जनम से
पल भर ही की पहचान में....

फिल्म : शोर

गीत : हसरत जयपुरी **संगीत : शंकर-जयकिशन**

पानी रे पानी तेरा रंग कैसा
जिसमें मिला दो रंग उस जैसा
इस दुनिया में जीने वाले ऐसे भी हैं जीते
रूखी-सूखी खाते हैं और ठंडा पानी पीते
तेरे एक ही घूंट में मिलता जन्नत का आराम
पानी रे पानी....
गंगा से जब मिले तो बनता गंगाजल तू पानी
बादल से तू मिले तो रिमझिम-रिमझिम बरसे पानी
आग ओढ़ कर आग पहन कर पिघली जाए जवानी
कहीं पर देखो छत टपकती जीना हुआ हराम
पानी रे पानी तेरा रंग कैसा...
दुनिया बनाने वाले रब जैसा
पानी रे पानी...
वैसे तो हर रंग में तेरा जलवा रंग जमाए
जब तू फिरे उम्मीदों पे तेरा रंग समझ न आए
कली खिले तो झट आ जाए पतझड़ का पैगाम
पानी रे पानी....

फिल्म : प्रेम कहानी

गीत : आनंद बख्शी **संगीत : लक्ष्मीकांत-प्यारेलाल**

फूल आहिस्ता फेंको, फूल बड़े नाजुक होते हैं
वैसे भी तो ये बदकिस्मत, नोक पे कांटों की सोते हैं
फूल....
बड़ी खूबसूरत शिकायत है ये,
मगर सोचिये क्या शरारत है ये
जो औरों का दिल तोड़ते रहते हैं,
लगे चोट उनको तो ये कहते हैं
कि फूल आहिस्ता फेंको...
जो रुलाते हैं लोगों को, एक दिन खुद भी रोते हैं
फूल आहिस्ता फेंको...
किसी शोख को बाग की सैर में
जो लग जाए कांटा कोई पैर में
खफा हुस्न वालों से हो किसलिए
ये मासूम हैं बेखता इसलिए
ये करेंगे कैसे घायल, ये तो खुद घायल होते हैं
फूल आहिस्ता फेंको...
गुलों के बड़े आप हमदर्द हैं
भला क्यों न हों आप भी मर्द हैं
हजारों सवालों का है एक जवाब,
फरेबे नजर ये न हो एक जनाब
सब जिसे कहते हैं शबनम, फूल के आंसू होते हैं
फूल आहिस्ता फेंको....

फिल्म : फिर सुबह होगी

गीत : साहिर लुधियानवी **संगीत : खैयाम**

सहगायक : मो. रफी

रफी – फिरते थे जो बड़े ही सिकन्दर बने हुए
बैठे हैं उनके दर पे कबूतर बने हुए
जिस प्यार में ये हाल हो उस प्यार से तौबा
मुकेश – जो बोर करे यार को उस यार से तौबा
रफी – हमने भी ये सोचा था कभी प्यार करेंगे

छुप-छुप के किसी शोख हसीना पे मरेंगे
देखा जो अजीजों को मुहब्बत में तड़पते
दिल कहने लगा हम तो मोहब्बत से डरेंगे
इन नर्गिसी आंखों के छुपे वार से तौबा
मुकेश - जो बोर करे यार को उस यार ....
रफी - तुम जैसों की नजरें ना हसीनों से लड़ेंगी
यार लड़ ही गई अपने ही कदमों पे पड़ेंगी
भूल से किसी शोख पे दिल फेंक ना देना
झड़ जाएंगे सब बाल और बे-भाव पड़ेगी
तुम जैसों को जो पड़ती है उस मार की तौबा
मुकेश - दिल जिनका जवां है वे सदा इश्क करेंगे
रफी - जो इश्क करेंगे वो सदा आह भरेंगे
मुकेश - जो दूर से देखेंगे वो जल-जल के मरेंगे
रफी - जल-जल के मरेंगे तो कोई फिकर ही नहीं है
माशूक के कदमों पे मगर सर ना धरेंगे
मुकेश - सरकार से तौबा मेरी सरकार से तौबा...
जो बोर करे....

फिल्म : सूरत और सीरत

गीत : शैलेन्द्र **संगीत : शंकर-जयकिशन**

बहुत दिया देने वाले ने तुझको
आंचल ही न समाए, तो क्या कीजे
बीत गए जैसे ये दिन-रैना
बाकी भी कट जाए, दुआ कीजे,
जो भी दे दे मालिक, तू कर ले कुबूल
कभी-कभी कांटों में भी, खिलते हैं फूल
वहां देर भले है, अन्धेर नहीं
घबरा के यूं मत गिला कीजे-बहुत दिया देने वालों ने तुझको...
देंगे दु:ख कब तक, भरम के ये चोर
ढलेगी ये रात प्यारे, फिर होगी भोर
कब रोके से रुकेगी समय की नदिया
घबरा के यूं गिला मत कीजे
बहुत दिया देने वाले ने तुझको...

फिल्म : संजोग

गीत : राजेन्द्र कृष्ण **संगीत : मदन मोहन**

भूली हुई यादों, मुझे इतना न सताओ
अब चैन से रहने दो, मेरे पास न आओ
दामन में लिए बैठा हूं, टूटे हुए तारे
कब तक जिऊंगा यूं ही, ख्वाबों के सहारे
दीवाना हूं अब और न दीवाना बनाओ
अब चैन से रहने दो, मेरे पास न आओ
लूटो न मुझे इस तरह दोराहे पे ला के
आवाज ना दो एक नई, राह दिखा के
संभला हूं मैं, गिर-गिरके मुझे फिर न गिराओ
अब चैन से रहने दो, मेरे पास ना आओ।

फिल्म : दिल ही तो है

गीत : साहिर **संगीत : रोशन**

भूले से मुहब्बत कर बैठा नादां था बेचारा दिल ही तो है
हर दिल से खता हो जाती है बिगड़ो न खुदाया दिल ही तो है
इस तरह निगाहें मत फेरो ऐसा न हो कि धड़कन रुक जाए
सीने में कोई पत्थर तो नहीं अहसास का मारा दिल ही तो है
बेदादगरों की ठोकर से सब ख्वाब सुहाने चूर हुए
अब दिल का सहारा गम ही तो है
अब गम का सहारा दिल ही तो है

फिल्म : अनोखी अदा

गीत : शकील बदायूंनी

संगीत : नौशाद

भूलने वाले याद न आ, भूलने वाले याद न आ
देख हमें मजबूर न कर, तेरी कसम दुःख दूर न कर
हम तो जिए बस तेरे लिए, तूने कुछ ऐसे रंज दिए
ठेस लगी दिल टूट गया, ठेस लगी दिल टूट गया
भूलने वाले याद न आ, भूलने वाले याद न आ

हाय वफा नाकाम हुई, सुबह के बदले शाम हुई
फूल खुशी के खिल न सके, आंख मिली दिल मिल न सके
देख लिया अंजामे वफा, देख लिया अंजामे वफा
भूलने वाले याद न आ, भूलने वाले याद न आ
दिल से मिटा उल्फत का निशां, तुझसे हमारा प्यार कहां
प्यार का नाता तोड़ यहीं, गीत अधूरा छोड़ यहीं
मैं भी न गाऊं, तू भी न गा, मैं भी न गाऊं, तू भी न गा
भूलने वाले याद न आ, भूलने वाले याद न आ।

फिल्म : श्री 420

गीत : शैलेन्द्र **संगीत : शंकर-जयकिशन**

मेरा जूता है जापानी ये पतलून इंगलिस्तानी
सर पे लाल टोपी रूसी फिर भी दिल है हिन्दुस्तानी
मेरा जूता है जापानी...
निकल पड़े हैं खुली सड़क पर अपना सीना ताने
मंजिल कहां, कहां रुकना है ऊपर वाला जाने,
बढ़ते जाएं हम सैलानी जैसे एक दरिया तूफानी
सर पे लाल टोपी रूसी फिर भी दिल है हिन्दुस्तानी
मेरा जूता है जापानी...
ऊपर नीचे, नीचे ऊपर लहर चले जीवन की
नादां हैं जो बैठ किनारे पूछे राह वतन की
चलना जीवन की कहानी रुकना मौत की निशानी
सर पे लाल टोपी रुसी फिर भी दिल है हिन्दुस्तानी
मेरा जूता है जापानी
होंगे राजे राजकुंवर हम, बिगड़े दिल शहजादे
हर सिंहासन पर जा बैठें, जब-जब करें इरादे
सूरत है जानी-पहचानी दुनिया वालों को हैरानी
सर पे लाल टोपी रूसी फिर भी दिल है हिन्दुस्तानी
मेरा जूता है जापानी...

फिल्म : कन्हैया

गीत : शैलेन्द्र **संगीत : शंकर-जयकिशन**

मुझे तुमसे कुछ भी न चाहिए
मुझे मेरे हाल पे छोड़ दो

मेरा दिल अगर कोई दिल नहीं
उसे मेरे सामने तोड़ दो
उसे मेरे सामने तोड़ दो
मुझे तुमसे कुछ भी न चाहिए...
मैं ये भूल जाऊंगा, जिन्दगी
कभी मुस्कराई थी प्यार में
मैं ये भूल जाऊंगा, मेरा दिल
कभी खिल उठा था बहार में
जिन्हें इस जहां ने भुला दिया
मेरा नाम उनमें ही जोड़ दो
मुझे तुमसे कुछ भी न चाहिए...
तुम्हें अपना कहने की चाह में
कभी हो सके न किसी के हम
यही दर्द मेरे जिगर में है
मुझे मार डालेगा बस ये गम
मैं वो गुल हूं, जो न खिला कभी
मुझे क्यों न शाख से तोड़ दो
मुझे तुमसे कुछ भी न चाहिए...

फिल्म : हिमालय की गोद में

गीत : कमर जलालाबादी संगीत : कल्याणजी-आनंदजी

मैं तो इक ख्वाब हूं, इस ख्वाब से, तू प्यार न कर
प्यार हो जाए तो फिर, प्यार का इजहार न कर,
ये हवाएं चुपचाप चली जाएंगी
लौट के फिर कभी गुलशन में नहीं आएंगी
अपने हाथों में हवाओं को गिरफ्तार न कर
मैं तो इक ख्वाब हूं, इस ख्वाब से तू प्यार न कर
तेरे दिल में हैं मुहब्बत के भड़कते शोले
अपने सीने में छुपा लो, ये धड़कते शोले
इस तरह प्यार को, रुसवा सरे-बाजार न कर
मैं तो एक ख्वाब हूं, इस ख्वाब से, तू प्यार न कर
शाख से टूट के, गुन्चे भी कभी खिलते हैं
रात और दिन भी, जमाने में कभी मिलते हैं
भूल जा, जाने दे, तकदीर से तकरार न कर
मैं तो इक ख्वाब हूं, इस ख्वाब से, तू प्यार न कर

फिल्म : एक फूल चार कांटे

गीत : शैलेन्द्र **संगीत : शंकर-जयकिशन**

मतवाली नार, ठुमक-ठुमक चली जाए
इन कदमों पे, किसका जिया न झुक जाए
मतवाली नार...
फूल बदन मुखड़ा यूं दमके
बादल में यूं बिजली चमके
गीत सुना के यूं छम-छमके
ललचाए, हाय-हाय
मतवाली नार...
ये चंचल कजरारी आंखें
ये चितचोर शिकारी आंखें
मुस्काएं, शरमाएं, झुक जाएं
मतवाली नार...
आ मिलके हम धूम मचा दें
सपने सच करके दिखला दें
इस दुनिया को प्रीति सिखा दें
जग डोले, संग हो लें और बोले
मतवाली नार...

फिल्म : कभी-कभी

गीत : साहिर लुधियानवी **संगीत : खैयाम**

मैं पल दो पल का शायर हूं
पल दो पल मेरी कहानी है
पल दो पल मेरी हस्ती है
पल दो पल मेरी जवानी है
मैं पल दो पल....
मुझसे पहले कितने शायर
आए और आकर चले गए
कुछ आहें भर कर लौट गए
कुछ नगमें गाकर चले गए
वो भी एक पल का किस्सा थे
मैं भी एक पल का किस्सा हूं

कल तुमसे जुदा हो जाऊंगा
जो आज तुम्हारा हिस्सा हूं...
मैं पल दो पल का शायर हूं...
कल और आएंगे नगमों की
खिलती कलियां चुनने वाले
मुझसे बेहतर कहने वाले
तुमसे बेहतर सुनने वाले
कल कोई मुझको याद करे
क्यूं कोई मुझको याद करे
मसरूफ जमाना मेरे लिए
क्यूं वक्त अपना बरबाद करे
मैं पल दो पल का शायर हूं
पल दो पल मेरी कहानी है...

फिल्म : दिल भी तेरा हम भी तेरे

गीत : शमीम जयपुरी **संगीत : कल्याणजी-आनंदजी**

मुझको इस रात की तन्हाई में आवाज न दो
जिसकी आवाज रुला दे मुझे वो साज न दो
आवाज न....
रोशनी हो न सकी दिल भी जलाया मैंने
तुमको भूला ही नहीं लाख भुलाया मैंने
मैं परेशां हूं मुझे और परेशां न करो
आवाज न दो...
इस कदर जल्दी किया मुझसे किनारा तुमने
कोई भटकेगा अकेला यह न सोचा तुमने
छुप गए हो तो मुझे याद भी आया न करो
आवाज न दो...

फिल्म : जिस देश में गंगा बहती है

गीत : शैलेन्द्र **संगीत : शंकर-जयकिशन**

मेरा नाम राजू, घराना अनाम, बहती है गंगा जहां मेरा धाम
मेरा नाम राजू.....
काम नए नित गीत बनाना, गीत बना के जहां को सुनाना
कोई न मिले तो अकेले में गाना

कविराज कहे, न ये ताज रहे, न ये राज रहे, न ये राजघराना
प्रीति और प्रीति का गीत रहे, कभी लुट सका न कोई ये खजाना
मेरा नाम राजू...
धूल का इक बादल अलबेला, निकला हूं अपने सफर में अकेला
चुप-चुप देखूं मैं दुनिया का मेला
काहे मान करे, अभिमान करे
मेहमान तुझे एक दिन तो है जाना, डफली उठा आवाज मिला
गा मिल के मेरे संग प्रेम तराना
मेरा नाम राजू...

फिल्म : छलिया

गीत : कमर जलालाबादी संगीत : कल्याणजी-आनंदजी

मेरे टूटे हुए दिल से, कोई तो आज ये पूछे
कि तेरा हाल क्या है, कि तेरा हाल क्या है
किस्मत तेरी रीति निराली
ओ छलिए को छलने वाली
फूल खिला तो टूटी डाली
जिसे उल्फत समझ बैठा, मेरी नजरों का धोखा था
किसी की क्या खता है, किसी की क्या खता है
मेरे टूटे हुए दिल से...
मांगी मुहब्बत, पाई जुदाई
दुनिया मुझको, रास न आई
पहले कदम पर, ठोकर खाई
सदा आजाद रहते थे, हमें मालूम ही क्या था
मुहब्बत क्या बला है, मुहब्बत क्या बला है
मेरे टूटे हुए दिल से...

फिल्म : होली आई रे

गीत : कमर जलालाबादी संगीत : कल्याणजी-आनंदजी

मेरी तमन्नाओं की तकदीर तुम संवार दो
प्यासी है जिन्दगी तुम मुझे प्यार दो
सारा गगन मंडप है, सारा जग बाराती
मन के फेरे सच्चे हैं, सच्चे हम साथी
लाज का घूंघट ये, आज तो उतार दो

प्यासी है जिन्दगी...
धरती करवट बदले, बदले हर मौसम
प्रीति के पुजारी हैं, बदलेंगे नहीं हम
पतझड़ से जीवन को, प्यार की बहार दो
प्यासी है जिन्दगी...

फिल्म : चेतना

गीत : नक्श लायलपुरी **संगीत : सपन-जगमोहन**

मैं तो हर मोड़ पर, तुझको दूंगा सदा
मेरी आवाज को, दर्द के साज को
तू सुने ना सुने
मैं तो हर मोड़ पर...
मुझे देख कर कह रहे हैं सभी
मुहब्बत का हासिल है दीवानगी
प्यार की राह में, फूल भी थे मगर
मैंने कांटे चुने
मैं तो हर मोड़ पर...
जहां दिल झुका था वहीं सर झुका
मुझे कोई सजदों से रोकेगा क्या
काश टूटे न वो, आरजू ने मेरी
ख्वाब जो हैं बुने
मैं तो हर मोड़ पर...
मेरी जिन्दगी में वही गम रहा
तेरा साथ भी तो बहुत कम रहा
दिल ने साथी मेरे, चाहतों में जो थे
ख्वाब क्या-क्या बुने
मैं तो हर मोड़ पर...
तेरे गेसुओं का वो साया कहां
वो बांहों का तेरी सहारा कहां
अब वो आंचल कहां, मेरी पलकों से जो
भीगे मोती चुने
मैं तो हर मोड़ पर...

फिल्म : मिलन

गीत : आनंद बख्शी संगीत : लक्ष्मीकांत-प्यारेलाल

मुबारक हो सबको समां ये सुहाना
मैं खुश हूं मेरे आंसुओं पे न जाना
मैं तो दीवाना-दीवाना-दीवाना, मैं तो...
हजारों तरह के ये होते हैं आंसू
अगर दिल में गम हो तो रोते हैं आंसू
खुशी में भी आंखें, भिगोते हैं आंसू
इन्हें जान सकता नहीं ये जमाना
मैं खुश हूं मेरे...
ये शहनाईयां दे रही हैं दुहाई
कोई चीज अपनी हुई है पराई
किसी से मिलन है, किसी से जुदाई
नए रिश्तों ने तोड़ा नाता पुराना
मैं खुश हूं मेरे....
ये बोले समय की नदी का बहाव
ये बाबुल की गलियां, ये मांझी की नाव
चली हो तो गोरी, इन्हें भूल जाओ
ना फिर याद करना, न फिर याद आना
मैं खुश हूं मेरे....

फिल्म : बादल

गीत : शैलेन्द्र संगीत : शंकर-जयकिशन

मैं राही भटकने वाला हूं
कोई क्या जाने मतवाला हूं
मैं राही भटकने वाला...
ये मस्त घटा मेरी चादर है,
ये धरती मेरा बिस्तर है
मैं रात में दिन का उजाला हूं,
कोई क्या जाने मतवाला हूं
मैं राही भटकने वाला...
ये बिजली राह दिखाती है
मंजिल पे मुझे पहुंचाती है

मैं तूफानों का पाला हूं,
कोई क्या जाने मतवाला हूं
मैं राही भटकने वाला...
मैं मचलूं तो एक आग भी हूं
मैं झूमूं तो एक राग भी हूं
दुनिया से दूर निराला हूं
कोई क्या जाने मतवाला हूं
मैं राही भटकने वाला हूं,
कोई क्या जाने मतवाला हूं
मैं राही...

फिल्म : कन्हैया

गीत : शैलेन्द्र **संगीत : शंकर-जयकिशन**

याद आई आधी रात को, कल रात की तौबा
दिल पूछता है झूम के, किस बात की तौबा
तौबा-तौबा, याद आई...
मरने भी न देंगे मुझे, दुश्मन मेरी जां के
हर बात पे कहते हैं कि, किस बात की तौबा
याद आई....
बाकी मुझे बतला भी दे, मुंह फेर के मत हंस
कि अगर मैंने पी ली, किस बात, बात की तौबा
तौबा-तौबा, याद आई...
चाहत में वफा और वो, मर मिटने की कसमें
क्या खाक भी बहके हुए, जज्बात की तौबा
तौबा-तौबा, याद आई...

फिल्म : दिल ने फिर याद किया

गीत : जी.एल.रावल **संगीत : सोनिक-ओमी**

ये दिल है मुहब्बत का प्यासा
इस दिल का तड़पना क्या कहिए
मायूस हैं हम, मगरूर हो तुम
और तुम पे ही मिटना क्या कहिए,
ये दिल है...
ये शौक हमें कि उठा ले उन्हें

वो शर्मों-हया के मारे हैं
ये हद से गुजर जाना अपना
और उनका सिमटना, क्या कहिए
ये दिल है...
किस सोच में हो कुछ होश नहीं,
ये घबराहट-सी कैसी है
बल खा के हमीं से हट जाना
फिर हमसे लिपटना क्या कहिए
ये दिल है...
आ जाओ हमारी बांहों में
हाय ये है कैसी मजबूरी
हम आपके हैं, कोई गैर नहीं
अपनों से उलझना क्या कहिए
ये दिल है...

फिल्म : मिलन

गीत : आनंद बख्शी **संगीत : कल्याणजी-आनंदजी**

राम करे ऐसा हो जाए, मेरी निंदिया तोहे मिल जाए
मैं जागूं तू सो जाए
गुजर जाए सुख से तेरी, दुःख भरी रतियां
बदल लूं मैं, तोसे अंखियां, बस में अगर होए बतिया
मांगू दुआएं हाथ उठाए
मेरी निंदिया तोहे मिल जाए, मैं...
तू ही नहीं, मैं ही नहीं, सारा जमाना, कहता है एक फसाना
आदमी हो जाए दीवाना, याद करे, पर भूल न पाए
मेरी निंदिया तोहे मिल जाए, मैं...
मन में चला आए कोई, चोरी-चोरी
मस्त पवन गाए लोरी
चन्द्र किरण बनके डोरी,
तेरे मन को झूला झुलाए
मेरी निंदिया तोहे मिल जाए, मैं...

फिल्म : रात और दिन

गीत : शैलेन्द्र **संगीत : शंकर-जयकिशन**

रात और दिन, दिया जले
मेरे मन में फिर भी अंधियारा है
जाने कहां है वो साथी
तू जो मिले जीवन उजियारा है
पग-पग मन मेरा ठोकर खाए
चांद-सूरज भी राह ना दिखाए
ऐसा उजाला कोई मन में समाए
जिससे पिया का दर्शन मिल जाए
रात और दिन, दिया जले...
गहरा ये भेद कोई मुझको बताए
किसने किया है मुझ पर अन्याय
जिसका हो दीप वो बुझ नहीं पाए
ज्योति दिए की दूजे घर को सजाए
रात और दिन, दिया जले...
खुद नहीं जानूं, ढूंढे किसको नजर
कौन दिशा है मेरे मन की डगर
कितना अजब है, ये दिल का सफर
नदियों में आए, जैसे कोई लहर
रात और दिन, दिया जले...

फिल्म : कन्हैया

गीत : शैलेन्द्र **संगीत : शंकर-जयकिशन**

रुक जा ओ जाने वाली रुक जा, मैं तो राही तेरी मंजिल का
नजरों में तेरी मैं बुरा सही, आदमी बुरा नहीं मैं दिल का
देखा भी नहीं तुझको सूरत भी न पहचानी
तू आके चली छम से ज्यों धूप के दिन पानी
रुक जा...
मुद्दत से मेरे दिल के सपनों की तू रानी है
अब तक न मिले लेकिन पहचान पुरानी है
रुक जा...
आ प्यार की राहों में बांहों का सहारा ले
दुनिया जिसे गाती है उस गीत को दोहरा ले
रुक जा...

फिल्म : दिल ने पुकारा

गीत : इन्दीवर **संगीत : कल्याणजी-आनंदजी**

वक्त करता जो वफा, आप हमारे होते
हम भी औरों की तरह, आपको प्यारे होते
अपनी तकदीर में पहले ही से कुछ तो गम है
और कुछ आपकी फितरत में वफा भी कम है
वरना जीती हुई, बाजी तो न हारे होते
वक्त करता जो वफा...
हम भी प्यासे हैं ये साकी को बता भी न सके
सामने जाम था और जाम उठा भी न सके
काश हम गैरते-महफिल के, न मारे होते
वक्त करता जो वफा..
दम घुटा जाता है सीने में फिर भी जिन्दा हैं
तुमसे क्या हम तो खुद से भी शर्मिंदा हैं
मर ही जाते जो न यादों के सहारे होते
वक्त करता जो वफा...

फिल्म : पहचान

गीत : वर्मा मलिक **संगीत : शंकर-जयकिशन**

सहगायिका : शारदा एवं साथी

शारदा - वो परी कहां से लाऊं तेरी दुल्हन जिसे बनाऊं
साथी - कि गोरी कोई पसन्द न आए तुझको
कि छोरी कोई पसन्द न आए तुझको
शारदा - ये तो मेरी है सहेली दिलवाली अलबेली
जैसे मोतिया चमेली जैसे प्यार की पहेली
सोलह साल की उमर, कोका कोला सी कमर
रत्ती भर भी कसर कहीं आए ना नजर
कुछ हुआ असर
मुकेश - गोल जूड़े में ये वेणी और वेणी में ये टहनी
जैसे जूड़ों से पेड़ उगाए
ये गंगाराम की समझ में न आए

शारदा – आंख जिसकी है बिल्ली
नाम इसका है लिल्ली
ऐसी कजरे की धार, जैसे तीखी तलवार
देख होंठों का ये रंग, देख चलने का ढंग
कटे अंग्रेजी बाल, बंधा रेशमी रुमाल
बोलो क्या है ख्याल

मुकेश – इसे जब देख लिया तब मेरा रंग हुआ फक
छोरी होके ये हजामत कराए,
ये गंगाराम की समझ में न आए

शारदा – नाम इसका कमल, जैसे गन्ने की फसल
जैसी खिला है गुलाब देख पूरा है पंजाब
देख रूप की उमंग जैसे हिरणी के अंग
जैसी मीठी हो खजूर, ऐसा मुखड़े पे नूर
बोलो है मंजूर

मुकेश – ये तो नाचे छमछम मेरा निकले है दम
इसे भंगड़ा कौन नचाए
ये गंगाराम की समझ में न आए

शारदा – ये तो सिंध से है आई, पढ़ी बी.ए. की पढ़ाई
तंग कुर्ता पायजामा ये तो छोकरी हंगामा
जैसे तितली के अंग जैसे उड़ती पतंग
जैसे कोयल की कूक जैसे खिलती खुशबू
कहती आई लव यू

मुकेश – हे प्रभु, हे प्रभु तू ही तू, तू ही तू
इसके नखरे कौन उठाए
ये गंगाराम की समझ में न आए

शारदा – वो परी कहां से....

फिल्म : माई लव

गीत : आनंद बख्शी **संगीत : दान सिंह**

वो तेरे प्यार का गम, इक बहाना था सनम
अपनी किस्मत ही कुछ ऐसी थी कि दिल टूट गया,
वो तेरे प्यार का गम...
ये न होता तो कोई दूसरा गम होना था
मैं तो वो हूं जिसे हर हाल में बस रोना था

मुस्कराता भी अगर तो छलक जाती नजर
अपनी किस्मत....
वरना क्या बात है तू कोई सितमगर तो नहीं
मेरे सीने में भी दिल है कोई पत्थर तो नहीं
तूने ढोये वो सितम तो यही समझेंगे हम
अपनी किस्मत ही कुछ ऐसी थी कि दिल टूट गया

फिल्म : शीशम

गीत : इन्दीवर **संगीत : रोशन**

सताएगा किसे तू आस्मां जब हम नहीं होंगे
दिए हैं तूने ऐसे गम कभी जो कम न होंगे
सितारे टूटने से आस्मां का क्या बिगड़ता है,
आस्मां का क्या बिगड़ता है
कमी क्या होगी दुनिया में अगर एक हम नहीं होंगे
सताएगा किसे तू, आस्मां...
है जब तक तभी तक दुश्मनी है हमसे दुनिया को
दुश्मनी है हमसे दुनिया को
यही दुनिया हमें ढूंढेगी, लेकिन हम नहीं होंगे
सताएगा किसे तू आस्मां..

फिल्म : सारंगा

गीत : भरत व्यास **संगीत : सरदार मलिक**

सारंगा तेरी याद में नैन हुए बेचैन
मधुर तुम्हारे मिलन बिना, दिन कटते नहीं रैन
सारंगा...
वो अम्बुआ का झूलना वो पीपल की छांव
घूंघट में जब चांद था मेहंदी लगी थी पांव
आज उजड़ के रह गया वो सपनों का गांव
सारंगा...
संग तुम्हारे दो घड़ी बीत गए जो पल
जल भर के मेरे नैन ये आज हुए बोझल
सुख ले के दुःख दे गई दो अंखियां चंचल,
सारंगा...

फिल्म : मधुमती

गीत : शैलेन्द्र **संगीत : सलिल चौधरी**

सुहाना सफर और ये मौसम हसीं
हमें डर है हम, खो न जाएं कहीं
ये कौन हंसता है फूलों में छुपकर
बहार बेचैन है, किसकी धुन पर
कहीं गुनगुन, कहीं रुनझुन
कि जैसे नाचे जमीं, सुहाना सफर...
ये गोरी नदियों का चलना उछलकर
कि जैसे अल्हड़ चले पी से मिलकर
प्यारे-प्यारे ये नजारे, निखार है हर कहीं, सुहाना सफर...

फिल्म : एक बार मुस्करा दो

गीत : इन्दीवर **संगीत : कल्याणजी-आनंदजी**

सवेरे का सूरज तुम्हारे लिए है
कि बुझते दीप को न तुम याद करना
हुए एक बीती हुई बात हम तो
कोई आंसू हम पर न बरबाद करना
तुम्हारे लिए हम तुम्हारे लिए हम
लगन की अगन में अभी तक जले हैं
हमारी कमी तुमको महसूस क्यों हो
सुहानी सुबह हम तुम्हें दे चले हैं
जो हरदम तुम्हारी खुशी चाहते हैं
उदास होके उनको न नाशाद करना
सभी वक्त के आगे झुकते रहे
किसी के लिए वक्त झुकता नहीं है
बड़ी तेज रफ्तार है जिन्दगी की
किसी के लिए कोई रुकता नहीं है
चमन से जो इक फूल बिछड़ा तो क्या है
नए गुल से गुलशन को आबाद करना
चिराग धरती का बुझता है जब भी
सितारे तो अम्बर के रोते नहीं हैं
कोई नाव तूफां में जब डूबती है

किनारे तो सागर के रोते नहीं हैं
हैं हम डोलती नाव, डूबे तो क्या है
किनारे हो तुम, तुम न फरियाद करना।

फिल्म : तीसरी कसम

गीत : शैलेन्द्र **संगीत : शंकर-जयकिशन**

सजन रे झूठ मत बोलो
खुदा के पास जाना है
न हाथी है न घोड़ा है
वहां पैदल ही जाना है
तुम्हारे महल-चौबारे
यहीं रह जाएंगे सारे
अकड़ किस बात की प्यारे
ये सर फिर भी झुकाना है
सजन रे झूठ मत बोलो...
भला कीजे भला होगा
बुरा कीजे बुरा होगा
बही लिख-लिख के क्या होगा
यहीं सब कुछ चुकाना है
सजन रे झूठ मत बोलो..
लड़कपन खेल में खोया
जवानी नींद भर सोया
बुढ़ापा देखकर रोया
वही किस्सा पुराना है
सजन रे झूठ मत बोलो..

फिल्म : रफ्तार

गीत : अभिलाषा **संगीत : सोनिक-ओमी**

संसार है इक नदिया सुख-दुःख दो किनारे हैं
ना जाने कहां जाएं हम बहते धारे हैं
संसार है...
चलते हुए जीवन की रफ्तार में इक लय है
इस राग में, इक सुर में, संसार की हर लय है
इक ताल पे गर्दिश में, ये चांद-सितारे हैं,

ना जाने...
धरती पे अम्बर की आंखों से बरसती है
इक रोज यही बूंदें फिर बादल बनती हैं
इस बनने-बिगड़ने के दस्तूर में सारे हैं,
ना जाने...
कोई भी किसी के लिए अपना न पराया है
रिश्ते के उजाले में, हर आदमी साया है
कुदरत के भी देखो जो ये खेल न्यारे हैं
ना जाने...
है कौन वो दुनिया में, न पाप किया जिसने
बिन उलझे कांटों से है फूल चुने किसने
बेदाग नहीं कोई यहां पापी सारे हैं
ना जाने..

फिल्म : प्यार का सागर

गीत : प्रेम धवन **संगीत : रवि**

सदा खुश रहे तू, जफा करने वाले
दुआ कर रहे हैं, दुआ करने वाले।
सुनाते गमे-दिल, जो तुम पास होते
मेरी बेकसी पे भी, क्या तुम न रोते
मगर क्या दिखाएं, तुम्हें दिल के छाले
दुआ कर रहे हैं, दुआ करने वाले।
इधर मेरे आंसू, उधर तेरा हंसना
मेरे दिन अंधेरे, तेरे दिन उजाले
दुआ कर रहे हैं, दुआ करने वाले।
सितम और भी हों, तो वो भी दिए जा
नहीं फिर भी तुमसे, गिला करने वाले
दुआ कर रहे हैं, दुआ करने वाले।

फिल्म : आवारा

गीत : शैलेन्द्र **संगीत : शंकर-जयकिशन**

हम तुमसे मुहब्बत करके सनम
रोते भी रहे, हंसते भी रहे
खुश हो के सहे उल्फत के सितम

रोते भी रहे, हंसते भी रहे
ऐ दिल की लगी क्या तुझको खबर
एक दर्द उठा भर आई नजर
खामोश थे हम इस दिल की कसम
रोते भी रहे, हंसते भी रहे
हम तुमसे...
ये दिल तो जला इक आग लगी
आंसू जो बहे बरसात हुई
बादल की तरह आवारा थे हम
रोते भी रहे, हंसते भी रहे
हम तुम से...

फिल्म : माशूका

गीत : इन्दीवर **संगीत : रोशन**

हो ऽऽऽ...दिल न लगाना
जीने न देगा ये जमाना, हो ऽऽ दिल न लगाना
कहता रहा दिल सुनते रहे हम दास्ताने गम
तेरी मुहब्बत में सहते रहे हम लाखों सितम
बन गया एक फसाना, हो ऽऽ दिल न लगाना
हो ऽऽ दिल न लगाना
उठती जवानी में दिल जो लगाए, चैन न पाए
दिल जाके पहलू से वापस न आए, हाय रे हाय
पीछे पड़े है पछताना, हो ऽऽ दिल न लगाना
हो ऽऽ दिल न लगाना
मिल ना सके हाय दो दिल बेचारे, किस्मत के मारे
याद आ रहे हैं वो दिन गुजारे, साथ तुम्हारे
हाय वो गुजरा जमाना, हो ऽऽ दिल न लगाना
हो ऽऽ दिल न लगाना
जीने न देगा ये जमाना, हो ऽऽ दिल न लगाना।

फिल्म : सारंगा

गीत : भरत व्यास **संगीत : सरदार मलिक**

हां दीवाना हूं मैं, हां दीवाना हूं मैं
गम का मारा हुआ इक बेगाना हूं मैं

मांगी खुशियां मगर गम मिला प्यार में
दर्द ही भर दिया दिल के हर तार में
तेरे तीरे-नजर का निशाना हूं मैं, हां दीवाना हूं...
मैं किसी का नहीं, कोई मेरा नहीं,
इस जहां में कहीं भी बसेरा नहीं,
मेरे दिल का कहीं भी सबेरा नहीं,
मेरी शाम का है सेवरा नहीं
हाय भूला हुआ एक फसाना हूं मैं
हां दीवाना हूं....

फिल्म : सरस्वतीचंद्र

गीत : इन्दीवर **संगीत : कल्याणजी-आनंदजी**

हमने अपना सब कुछ खोया
प्यार तेरा पाने को
छोड़ दिया क्यों प्यार ने तेरे
दर-दर भटकाने को
प्यार तेरा...हमने...
उसकी रहे तू जिसकी हो ली
तुझको मुबारक प्यार की डोली
बैठ गए हम गम की चिता पर
जिन्दा जल जाने को
प्यार तेरा पाने को...
हमने सब कुछ अपना...

फिल्म : अदालत

गीत : गुलशन बावरा **संगीत : कल्याणजी-आनंदजी**

हमका अइसा-वइसा न समझो, हम बड़े काम की चीज
ओ बाबू बड़े काम की चीज
कौन बुरा है कौन भला है, हमका है तमीज
हमका अइसा...
अरे इक दिन हम गए जंगल मा,
उहां मिल गए हमका डाकू
ससुरा मिल गए हमका डाकू

किसी के हाथ मा बरछा-भाला, किसी के हाथ मा चाकू
हमने पूछा ओ कितने हो तुम तब वो बोले दस
हम कहा बस, का कहा बस
अइसा हाथ जमाया दो गज धरती मा गए धंस-धंस-धंस
हमका अइसा...
अरे इक दिन अपने गांव मा, इक मेम शहर से आई
देख के अपनी मस्त जवानी मन मा वो मुस्काई
अरे मन मा वो...
बड़े प्यार से, बड़े प्यार से उसने हमका दिया गुलाबी फूल
हमका ई का देत हो हमका फूल का देत हो फूल
हाथ जोड़कर फिर वो बोली
हो गई हमसे भूल-भूल-भूल
हमका अइसा...

फिल्म : आशिक

गीत : शैलेन्द्र **संगीत : शंकर-जयकिशन**

सहगायिका - लता

मुकेश - ओ शमा मुझे फूंक दे
मैं न मैं रहूं, तू न तू रहे
यही इश्क का है दस्तूर...
परवाने जो हैं अजब चलन
यहां जीते जी अपना मिलन
किस्मत को नहीं मंजूर....
ओ शमा......

लता - शाम से लेकर रोज सहर तक
तेरे लिए मैं सारी रात जली
मैंने तो हाय ये भी न जाना
कब दिन डूबा कब रात ढली
फिर भी हैं मिलने से मजबूर, फिर भी....
ओ शमा मुझे....

मुकेश - पत्थरदिल हैं यह जग वाले
जाने न कोई दिल की जलन
जब से है जन्मी प्यार की दुनिया
तुझको है मेरी मुझे तेरी लगन

तुझ बिन ये दुनिया है बेनूर तुझ...

दोनों – ओ शमा....

मुकेश – हाय री किस्मत अन्धी किस्मत
देख न सकी तेरी-मेरी खुशी
हाय री उल्फत बेबस उल्फत
रोए थकी जल-जल के मरी
दिल जो मिले थे किसका कसूर
ओ शमा मुझे....

फिल्म : अन्दाज

गीत : मजरूह सुल्तानपुरी **संगीत : नौशाद**

हम आज कहीं दिल खो बैठे
यूं समझो किसी के हो बैठे
हरदम जो कोई पास आने लगा
भेद उल्फत के समझाने लगा
नजरों से नजर का टकराना
था दिल के लिए इक अफसाना
हम हाथों से दिल को खो बैठे
हम आज कहीं.....
आंखों में बसाया कोई मगर
कौन आया किसको क्या है खबर
पूछो तो यही है उनका पता
चंचल नैना और शोख अदा
हम दिल की नैया डुबो बैठे
हम आज कहीं.....

फिल्म : फर्स्ट लव

गीत : गुलशन बावरा **संगीत : दत्ताराम**

मुझे मिल गई है मुहब्बत की मंजिल,
कोई पूछ ले यह मेरे हमसफर से।
मुझे मिल गई है....
नजर से नजर का बड़ा फासला था।
मगर आज दिल के करीब हो गए हो।
तुम्हें मैंने देखा जो दिल की नजर से,

मेरी भी नजर में हसीं हो गए हो।
मुझे मिल गई है....
मेरे हाथ में यूं तेरा हाथ आया,
कि गुलशन में जैसे बहार आ गई हो।
मगर हाथ ने यूं खिंचा हाथ तेरा,
मैं समझा कली कोई शरमा गई हो।
मुझे मिल गई है....
जिसे सुन के दिल की हुई तेज धड़कन
मुझे आज ऐसी कहानी मिली है।
निगाह से चाहे निगाहें मिली न
मुहब्बत की लेकिन एक निशानी मिली है
मुझे मिल गई है...

फिल्म : भगवान समाये संसार में

गीत : बी.डी. मिश्रा **संगीत : अनिल-अरुण**

रामायण से और गीता से मिलता है ये ज्ञान
देख लो मन के नयन खोल के कण-कण में भगवान
चाहे देखो जल में, चाहे देखो थल में
चाहे नील गगन में निहार लो
भगवान समाये संसार में...
वो ही सबके मन में, वो ही कण-कण में
जहां चाहो उनको पुकार लो
भगवान समाये संसार में...
चाहे देखो जल में चाहे देखो थल में
चाहे नील गगन में निहार लो
भगवान समाये संसार में...
बन के अन्न वो धरती से उपजे सबकी भूख मिटाए
फूल बगिया बन वो ही महके फल और फूल लुटाए
हर मौसम है वेष उसी का जो भी आए-जाए
पानी के ये झरने, पर्वतों के गहने
उसने ही दिए हैं उपहार में
भगवान समाये संसार में...
चाहे देखो जल में, चाहे देखो थल में
चाहे नील गगन में निहार लो

भगवान समाये संसार में...
वो अपनी ही इच्छा से सारा जगत रचाया
रंग-बिरंगे पर्दों से है जग का मंच सजाता
अपने अनगिनत रूप बनाकर अभिनय करने आता
मुस्काए वो सुख में, मुरझाए वो दुःख में
डूब जाए असुवन की धार
भगवान समाये संसार में....
चाहे देखो जल में, चाहे देखो थल में,
चाहे नील गगन में निहार लो
भगवान समाये संसार में...
हर प्राणी में परमेश्वर को जिसने सदा निहारा
दीन-दुखी की सेवा करना लगता उसको प्यारा
असहायों को, बीमारों को देता वो ही सहारा
चिंता उसको अपनी होती है न कभी भी
लगा रहे जो सबके उपकार में,
भगवान समाये संसार में...
चाहे देखो जल में, चाहे देखो थल में
चाहे नील गगन में निहार लो
भगवान समाये संसार में...
मथुरापुरी में श्रीहरि जन्मे जिनकी देवकी मैया
जसोदा के आंगन में वो खेले बनके कृष्ण कन्हैया
बंसी बजाए सबको रीझाये वन में चराये गैया
रासलीला जिसने की है सारे ब्रज में
झूमे जग ये उसके ही प्यार में
भगवान समाये संसार में...
चाहे देखो जल में, चाहे देखो थल में
चाहे नील गगन में निहार लो
भगवान समाये संसार में....

फिल्म : मुक्ति

गीत : आनंद बख्शी **संगीत : आर.डी. बर्मन**

सुहानी चांदनी रातें हमें सोने नहीं देतीं
तुम्हारे प्यार की बातें हमें सोने नहीं देतीं
सुहानी चांदनी..........

तुम्हारी रेशमी जुल्फों में दिल के फूल खिलते थे
कभी फूलों के मौसम में कभी हम तुमसे मिलते थे
पुरानी वो मुलाकातें हमें सोने नहीं देतीं
सुहानी चांदनी ....
कहीं ऐसा न हो लग जाए दिल में आग पानी से
बदल ले रास्ता अपना घटाएं मेहरबानी से
कि यादों की ये बरसातें हमें सोने नहीं देतीं
सुहानी चांदनी ....

फिल्म : उपहार

गीत : आनंद बख्शी **संगीत : लक्ष्मीकांत-प्यारेलाल**

मांझी नैया ढूंढे, किनारा
किसी न किसी की खोज में है, यह जग सारा
मांझी नैया ढूंढे किनारा
कभी न कभी तो समझोगे, तुम यह इशारा
मांझी नैया ढूंढे किनारा
ऐसा कोई मौज नहीं
जिसकी कोई खोज नहीं
कोई न कोई तो हर किसी को लगता है प्यारा
मांझी नैया ढूंढे, किनारा....
जीवन पथ पर चलते हुए
इक दिन थककर चलते हुए
कहीं न कहीं तो, थाम लूंगा, आंचल तुम्हारा
मांझी ढूंढे किनारा.......
जैसे सीता-राम मिले
जैसे राधा-श्याम मिले
कभी न कभी तो मिलन होगा, तुमसे हमारा
मांझी नैया ढूंढे, किनारा.....

फिल्म : किनारे-किनारे

गीत : श्याम शर्मा **संगीत : जयदेव**

जब गमे-इश्क सताता है तो हंस लेता हूं
हादसा याद ये आता है तो हंस लेता हूं।
जब गमे-इश्क सताता है तो हंस लेता हूं,

मेरी उजड़ी हुई दुनिया में तमन्ना की चिता
जब कोई आ के जलाता है तो हंस लेता हूं
जब गमे-इश्क सताता है...
कोई दवा नहीं, फरियाद नहीं, रंज नहीं
रहम जब अपने पे आता है तो हंस लेता हूं।
जब गमे-इश्क सताता है...

फिल्म : सुनहरे दिन

गीत : शेवन रिजवी **संगीत : ज्ञान दत्त**

बहारों ने जिसे छेड़ा है, वो साजे जवानी है
जमाना सुन रहा है जिसको, वो मेरी कहानी है
बहारों ने..........
कसम खाकर किसी को अपना कभी बनाऊंगा
चमन की डालियों से लालियां फूलों की लाऊंगा
सितारों के चिरागों से फिर इस घर को सजाऊंगा
कि इस दुनिया में तुझको एक नई दुनिया बसानी है
बहारों ने...
चमन में सबने गाया तराना जिन्दगी का
मगर सबसे अलग था रंग मेरी जवानी का
फसाना इस कदर रंगीन था मेरी जवानी का
कि जिसने भी सुना, कहने लगा मेरी कहानी है
बहारों ने......
कोई समझे न समझे, मैं कहे देता हूं दुनिया से
कि मैं दुनिया में हूं, मतलब नहीं रखता हूं
दुनिया से
कभी जब दिल में आता है तो कह देता हूं
दुनिया से
मेरी आवाज ही मेरी तमन्ना की निशानी है
बहारों ने......

फिल्म : आंखें

गीत : राजा मेहंदी अली खां **संगीत : मदनमोहन**

प्रीति लगा के मैंने यह फल पाया
सुध-बुध खोई चैन गंवाया

प्रीति लगा के मैंने....
तुमने मुझसे प्यार किया था
उल्फत का इकरार किया था
अपना बना के पहले फिर बिसराया
प्रीति का वादा खूब निभाया
प्रीति लगा के मैंने....
आके जो देखे, तू दुःख मेरे
क्या न बहेंगे, आंसू तेरे
दुःख देके मुझको तूने क्या सुख पाया
तुझको बेदर्दी, रहम न आया
प्रीति लगा के मैंने ....
एक झलक फिर से दिखला दे
ख्वाब में आकर इतना बता दे
ज्योति बुझा कर इन नैनों की
किसके मन का दीप जलाया
प्रीत लगा के मैंने ....

फिल्म : सफर

गीत : इन्दीवर **संगीत : कल्याणजी-आनंदजी**

जो तुमको हो पसंद, वही बात कहेंगे।
तुम दिन को अगर रात कहो, रात कहेंगे।
देते न आप साथ तो मर जाते हम कभी के
पूरे हुए हैं आपसे अरमान जिंदगी के
हम जिन्दगी को आपकी सौगात कहेंगे
तुम दिन को अगर रात कहो, रात कहेंगे।
चाहेंगे, निभाएंगे, सराहेंगे आप ही को
आंखों में दम है जब तक देखेंगे आप ही को
अपनी जुबां से आपके जज्बात कहेंगे।
तुम दिन को अगर रात कहो, रात कहेंगे।

फिल्म : भाभी की चूड़ियां

गीत : नरेन्द्र शर्मा **संगीत : सुधीर फड़**

दर भी था, दीवार भी
तुमसे ही घर-घर कहलाया

तुमसे ही घर-घर कहलाया
सूना मंदिर था मन मेरा
बुझा दीप था जीवन मेरा
प्रतिभा के पावन चरणों में
मैं दीपक बन कर मुस्काया
तुमसे ही घर घर कहलाया
देवालय बन गया सुहावन
मां तुमसे मेरा घर-आंगन
आंचल की ममता-माया में
पाई सुख की शीतल छाया
तुमसे ही घर-घर कहलाया
कैसे हो गुणगान तुम्हारा
जो कुछ है वरदान तुम्हारा,
तुमने ही मेरे जीवन के,
सपनों को सच कर दिखलाया
तुमसे ही घर-घर कहलाया....
आंखें मेरी, ज्योति तुम्हारी, रह न गई राहें अंधियारी,
रहने दो मेरे माथे पर मां,
तुमने जो हाथ बढ़ाया
तुमसे ही घर-घर कहलाया

फिल्म : मैंने जीना सीख लिया

गीत : साहिर लुधियानवी **संगीत : रोशन**

तेरे प्यार को इस तरह से भुलाना
न दिल चाहता है, न हम चाहते हैं
जो सच था उसे एक फसाना बनाना
न दिल चाहता है, न हम चाहते हैं
वो मासूम सूरत, वो भोली निगाहें
रहेगी सदा दिल में आबाद होकर
न पूरी हुई जो, उसी आरजू में
मिलेगी हमें चैन बरबाद होकर
कि उजड़ी हुई जिन्दगी को बसाना
न दिल चाहता है, न हम चाहते हैं
तेरे प्यार को...

समझ में न आया कि हर इक खुशी से
यह दिल आज बेजार क्यों हो गया है
तेरे गम में बहते हुए आंसुओं से
न जाने हमें प्यार क्यों हो गया है
कि भूले से भी अब मुस्कराना
न दिल चाहता है न हम चाहते हैं
तेरे प्यार को.....

फिल्म : खेल खिलाड़ी का

गीत : राजेन्द्र कृष्ण **संगीत : कल्याणजी-आनन्दजी**

प्यार का बन्धन खून का रिश्ता छूटे से न छूटे
दिल से दिल की डोर बंधी जो टूटे से न टूटे
लगे रहें और भरे रहें प्यार भरे ये मेले
खुशियों का झूला झूलेंगे भाई-बहन अलबेले
सुन ले दाता इसका नाता जन्म-जन्म न छूटे, दिल से....
जगमग-जगमग आए दीवाली लक्ष्मी धन बरसाए
लक्ष्मी धन....
रंगबिरंगी लेकर राखी का दिन आए हो
इन धागों का रंग हो गहरा छूटे से न छूटे, दिल से....

फिल्म : चारदीवारी

गीत : शैलेन्द्र **संगीत : सलिल चौधरी**

कैसे मनाऊं पिअवा, गुन मेरे एकहु नाहीं
आई मिलन की बेला, घबराऊं माही
कैसे मनाऊं पिअवा.....
अपने और पराये, ड्योढ़ी तक ही आए
बीच भंवर की नदिया, प्रीतम पार बुलाये
तेरे दरस की प्यासी दो अंखियां अकुलाई
कैसे मनाऊं पिअवा....
साजन मेरे आए, धड़कन बढ़ती जाए
नैना झुकते जाएं घूंघट ढलका जाए
तुझसे क्यों शरमाए, आज तेरी परछाई
कैसे मनाऊं पिअवा....
मैं अनजान पराई, द्वार तिहारे आई

तुमने मुझे अपनाया, प्रीति की रीति निभाई
हाय रे, मन की कलियां, फिर भी खिल न पाई
कैसे मनाऊं पिअवा....

फिल्म : आबरू

गीत : जी.एल. रावल **संगीत : सोनिक ओमी**

जिन्हें हम भूलना चाहें, वो अक्सर याद आते हैं
बुरा हो इस मुहब्बत का, वो क्यों कर याद आते हैं।।
जिन्हें हम भूलना चाहें, वो अक्सर याद आते हैं
भुलाएं किस तरह उनको कभी पी थी उन आंखों से
छलक जाते हैं जब आंसू, वो सागर याद आते हैं
बुरा हो इस मुहब्बत का, वो क्यों कर याद आते हैं।।
किसी के सुर्ख लब थे या दिए की लौ मचलती थी
जहां की थी कभी पूजा, वो मंदिर याद आते हैं
जिन्हें हम भूलना चाहें, वो अक्सर याद आते हैं
रहे ऐ शम्मा तू रोशन, दुआ देता है परवाना
जिन्हें किस्मत में जलना है वो जलकर याद आते हैं
जिन्हें हम भूलना चाहें, वो अक्सर याद आते हैं
बुरा हो इस मुहब्बत का, वो क्यों कर याद आते हैं।।

फिल्म : दरिन्दा

गीत : इन्दीवर **संगीत : कल्याणजी-आनंदजी**

चाहे आज मुझे नापसन्द करो
चाहे द्वार हृदय के बन्द करो।
आखिर में तुम्हें मेरा ही होना होगा...
बचपन के प्यार की मिटती नहीं निशानी
कितना ही मिटाना चाहें इसे जवानी
जहां याद मेरी सोई हो
दूजा और न कोई हो
कोई दिल का तुम्हारे ऐसा भी कोना होगा...
आखिर में....
मैं क्या से क्या बन गया तुम्हारे कारण
औरों की तरह मेरा प्यार नहीं साधारण
न समझो इसे दिखावा
मेरे हंसने पे हंसना, रोने पे रोना होगा
आखिर में.....

फिल्म : गुनाहों का देवता

गीत : शैलेन्द्र **संगीत : शंकर-जयकिशन**

चाहा था बनूं प्यार की राहों का देवता
मुझको बना दिया है गुनाहों का देवता।
यह जिन्दगी तो ख्वाब है जीना भी है नशा
दो घूंट मैंने पी लिए तो क्या बुरा किया,
रहने दो जाम सामने सब कुछ यही तो है
हर गमजदा के आंसुओं आहों का देवता,
मुझको बना दिया है...
किस्मत भी चल रही है हम से चाल हर कदम,
इक चाल हम भी चल दिए तो हो गया सितम
अब तो चलेंगे चाल हम किस्मत के साथ भी,
पैसा बना संसार की बांहों का देवता,
मुझको बना दिया है....
होगा जहां भी रूप तो पूजा ही जाएगा,
चाहे जहां हो फूल वह मन को लुभायेगा
होकर रहेगा जिन्दगी में प्यार एक बार
मुझको बना दिया है....

फिल्म : अनुराग

गीत : कैफी आजमी **संगीत : मुकेश**

कोई दिल में है और कोई नजर में
मुहब्बत के सपने मैं किस पे लुटाऊं
इसी कशमकश में जिए जा रहा हूं
किसे याद रखूं किसे भूल जाऊं
उधर दिल मुहब्बत में उनको दिया है
इधर फर्ज का बोझ सर पे लिया है
अरी जिन्दगी तूने ये क्या किया है
किसे याद रखूं किसे भूल जाऊं
न वश में है मेरे तुम्हें भूल जाना
न वश में है इनको नजर से गिराना
मेरी बेबसी का बस इतना फसाना
किसे याद रखूं किसे भूल जाऊं

फिल्म : दिल ही तो है

गीत : साहिर लुधियानवी **संगीत : रोशन**

सहगायिका - लता मंगेशकर

मुकेश - चुरा न ले तुमको ये मौसम सुहाना
कभी वादियों में अकेली न जाना, कभी.....
लता - जब सताता है, मुझको ये मौसम सुहाना
मैं जाऊंगी तुम मेरे पीछे न आना, मैं जाऊंगी
मुकेश - लिपट जाएगा कोई बेबाक झोंका
जवानी की रौ में आंचल न उड़ाना
लता - मेरे वास्ते तुम परेशां न होना
मुझे खूब आता है दामन बचाना
मैं जाऊंगी तुम मेरे पीछे न आना
मुकेश - घटा भी चूम लेती है चेहरा
समझ-सोच के रुख से जुल्फें हटाना
कभी वादियों में अकेली न जाना
लता - घटा मेरे नजदीक आके तो देखे
इन आंखों ने सीखा है बिजली गिराना
मुकेश - तुम एक फूल हो कहां तुमको ढूंढूंगा
कहीं मिलके फूलों में गुम न हो जाना
लता - जो फूलों सी रंगत मिली भी तो क्या है
जुदा मेरी खुशबू जुदा मुस्कुराना

फिल्म : अनोखी रात

गीत : इन्दीवर **संगीत : रोशन**

ओह रे ताल मिले नदी के जल में, नदी मिले सागर में
सागर मिले कौन से जल में कोई जाने ना....
सूरज को धरती तरसे धरती को चंद्रमा
पानी में सीप जैसे प्यासी हर आत्मा
बूंद छिपी किस बादल में कोई जाने ना....
ओह रे ताल मिले.....
अनजाने होंठों पर क्यों पहचाने गीत हैं
कल तक जो बेगाने थे जन्मों के मीत हैं
क्या होगा कौन से पल में कोई जाने ना
ओह रे ताल मिले....

फिल्म : मुक्ति

गीत : आनंद बख्शी **संगीत : आर.डी. बर्मन**

लल्ला-लल्ला लोरी, दूध की कटोरी
दूध में बताशा, मुन्नी करे तमाशा
छोटी-छोटी प्यारी-प्यारी सुंदर परियों जैसी है
किसी की नजर न लगे, मेरी मुन्नी ऐसी है
शहद से भी मीठी, दूध से भी गोरी
चुपके-चुपके चोरी, लल्ला-लल्ला लोरी
कारी नैना के माथे पे, चांद की बिंदिया
मुन्नी के छोटे-छोटे नैनों में निन्दिया
सपनों का पलना आशाओं की डोरी
चुपके-चुपके चोरी, लल्ला-लल्ला लोरी

फिल्म : बन्दिनी

गीत : शैलेन्द्र **संगीत : एस.डी. बर्मन**

ओ जाने वाले हो सके तो लौट के आना
ये घाट तू ये बाट कहीं भूल न जाना
ओ जाने वाले......
बचपन के तेरे मीत, तेरे संग के सहारे
ढूंढेंगे तुझे गली-गली, बस ये गम के मारे
पूछेगी हर निगाह, कल तेरा ठिकाना
ओ जाने वाले.....
है तेरा वहां कौन, सभी लोग हैं पराये
परदेस की गर्दिश में, तू भी न खो जाये
कांटों भरी डगर है, तू दामन बचाना
ओ जाने वाले.......
दे दे के ये आवाज कोई हर घड़ी बुलाए
फिर जाए जो उस पार, कभी लौट के न आए
है भेद ये कैसा, कोई कुछ तो बताना
ओ जाने वाले ....

फिल्म : एक रात

गीत : अनजान **संगीत : उषा खन्ना**

आज तुमसे दूर होकर ऐसे रोया मेरा प्यार
चांद रोया साथ मेरे, रात रोई बार-बार
कुछ तुम्हारी बन्दिशे हैं, कुछ हैं मेरे दायरे
जब मुकद्दर ही बने दुश्मन, तो कोई क्या करे
इस मुकद्दर पर किसी का, क्या है आखिर इख्तियार
चांद रोया साथ मेरे ......
हर तमन्ना से जुदा, मैं हर खुशी से दूर हूं
जी रहा हूं क्योंकि जीने के लिए मजबूर हूं
मुझको मरने भी नहीं देगा तुम्हारा इन्तजार
चांद रोया साथ मेरे ....
आज तुमसे दूर होकर, ऐसा रोया मेरा प्यार
चांद रोया साथ मेरे, रात रोई बार-बार

फिल्म : बरखा

गीत : राजेन्द्र कृष्ण **संगीत : सलिल चौधरी**

सह गायिका : लता मंगेशकर

मुकेश - इक रात में दो-दो चांद खिले
इक घूंघट में इक बदली में
लता - अपनी-अपनी मंजिल से मिले
इक घूंघट में इक बदली में
मुकेश - बदली का वो चांद तो सबका है
घूंघट का चांद तो अपना है
लता - मुझे चांद समझने वाले बता
यह सच है या कोई सपना है
मुकेश - इक रात में दो-दो चांद...
लता - अपनी-अपनी मंजिल...
मुकेश - मालूम नहीं दो अनजाने
राही कैसे मिल जाते हैं
लता - फूलों को अगर खिलना है तो
वीरानों में खिल जाते हैं
मुकेश - इक रात में दो-दो चांद...
अपनी-अपनी मंजिल....

फिल्म : उजाला

गीत : हसरत जयपुरी **संगीत : शंकर जयकिशन**

दुनिया वालों से दूर, जलने वालों से दूर
आजा-आजा चले कहीं दूर कहीं दूर कहीं दूर
वो प्यार का जहां है, हर दिल पे मेहरबां है
कुछ और वो जमीं है, कुछ और आसमां है
न जुल्म का निशां है, न गम की दास्तां है
हर कोई जिसको समझे, वो प्यार की जुबां है
दुनिया वालों....
उल्फत की रागनी में, मस्तानी बेखुदी में
सो जाएंगे दो दिल, उल्फत की चांदनी में
फिर क्या करेगी दुनिया जल-जल मरेगी दुनिया
तारों में दो सितारे, देखा करेगी दुनिया
दुनिया वालों....
हाथों में हाथ डाले, खुद को बिना संभाले
निकलेंगे हम जिधर से, हो जाएंगे उजाले
चंदा कहेगा हंसकर सीने पर हाथ रखकर
दुनिया वालों से दूर....

फिल्म : अपना घर

गीत : राजेन्द्र कृष्ण **संगीत : रवि**

सहगायिका : लता

तुमसे ही मेरी जिन्दगी, मेरी बहार तुम
अपने ही दिल से पूछ लो किसका हो प्यार तुम
तुमसे ही मेरी....
गाती हुई हवाओं में तेरा ही गीत है
साजन मेरी निगाहों में तेरी ही प्रीति है
चंदा का रूप चांदनी, मेरा सिंगार तुम
तुमसे ही मेरी...
यह मुस्कुराता आसमां यह घूमती जमीं
मुझको जरा संभालना खो जाऊं न कहीं
ऐसे में अपना कह भी दो बस एक बार तुम

तुमसे ही मेरी....
आती है ऐसी प्यार की घड़ियां नसीब से
यह दिल की धड़कनें जरा सुन लो करीब से
आए हो साथ लेके सपने हजार तुम
तुमसे ही मेरी....

फिल्म : राजहठ

गीत : शैलेन्द्र **संगीत : शंकर-जयकिशन**

सहगायिका : लता मंगेशकर

मुकेश – ये वादा करो चांद के सामने
भुला तो न दोगे, मेरे प्यार को
लता – मेरे हाथ में हाथ दे दो जरा
सहारा मिलेगा मेरे प्यार को
मुकेश – ये चंदा, ये तारे जो छुप जायेंगे
मगर मेरी नजरों से छुपना न तुम
लता – बदल जाये दुनिया न बदलेंगे हम
बसाया है जब हमने दिल में तुम्हें
निभाना ही होगा इस इकरार को
मुकेश – बहारों के साये में आ झूल लें
भुला दें जमाने के गम आज तो
लता – जमाने के गम से हमें क्या
हमें तुम मिले और क्या चाहिए
कि हम छोड़ बैठे संसार को
ये वादा....

फिल्म : आग

गीत : बहजाद लखनवी **संगीत : राम गांगुली**

जिन्दा हूं इस तरह कि गमे जिन्दगी नहीं
जलता हुआ दिया हूं मगर रोशनी नहीं
वो मुद्दतें हुई हैं किसी से जुदा हुए
लेकिन ये दिल की आग अभी तक बुझी नहीं
जिन्दा हूं...
आने को आ चुका था किनारा भी सामने
खुद उसके पास मेरी नैया गई नहीं

जिन्दा हूं...
होंठों पे आए हंसी क्या मजाल है
दिल का मुआमला है कोई दिल्लगी नहीं
जिन्दा हूं...
ये रात ये हवा ये समां, सब है मांद-मांद
जो तू नहीं तो इनमें कोई दिलकशी नहीं
जिन्दा हूं...

फिल्म : बेईमान

गीत : वर्मा मलिक **संगीत : शंकर-जयकिशन**

ये राखी बन्धन है ऐसा जैसे चंदा और किरण का
जैसे बदली और पवन का, जैसे धरती और गगन का
दुनिया की जितनी बहनें हैं, उन सबकी रक्षा इनमें है
है धर्म-कर्म भइया का ये, बहन की रक्षा इसमें है
जैसे राधा और कृष्ण का,
छोटी बहन चूम के माथा भइया मुझे दुआ दे
सात जनम की उम्र मेरी तुझको भगवान लगा दे
अमर प्यार है भाई-बहन का
खुशी के दिन भाई के भर आते नैना
कदर बहन की उनसे पूछो जिनके नहीं बहना
मोल नहीं कोई इस बंधन का
ये राखी...

फिल्म : गोवा

गीत : कमर जलालाबादी **संगीत : कल्याणजी-आनंदजी**

अंखियों का नूर है तू, अंखियों से दूर है तू
फिर भी पुकारे चले जायेंगे, तू आए न आए
दिल में है पयाम तेरा, लब पे है नाम तेरा
होके दीवाने तेरे प्यार में, लो आए जी आए हो के दीवाने तेरे प्यार में
ओ मेरे हमराज कहां है मुझको दे आवाज कहां है
प्यार की आंखों से तुम देखो इश्क वहीं है प्यार जहां है
छुप-छुप के आने वाले दिल को जलाने वाले
चुपके से आजा मेरे सामने, तू आजा रे आजा, चुपके से आजा मेरे सामने

इसलिए आया हूं मैं छुपके, देखके हमको दुनिया जले ना
दिल में पयाम तेरे...
प्यार की महफिल कितनी अनोखी, नूर है लेकिन दीप जले ना
यादों के दाग लेके, दिल के चिराग लेके
कब से खड़ा हूं तेरे सामने, तू माने न माने...
कब से खड़ा हूं तेरे सामने
अंखियों का नूर है तू...
फिर भी पुकारे चले जाएंगे...

फिल्म : रेशमी रूमाल

गीत : राजा मेहंदी अली खां **संगीत : बाबुल**

गर्दिश में हों तारे, न घबराना प्यारे
गर तू हिम्मत न हारे, तो होंगे वारे-न्यारे
गर्दिश में हों तारे...
मुझको मेरी आशा, देती है दिलासा
आएंगी बहारें चली जाएंगी खिजां
वो आसमान नीला-नीला करें है इशारे
गर्दिश में हों तारें...
दुनिया है सराय, रहने को हम आए
आया है तो हंसी-खुशी रह ले तू यहां
वो सूरमा है जिन्दगी जो कांटों में गुजारे
गर्दिश में हों तारें...
बाजुओं में दम है, फिर काहे का गम है
मजबूत इरादे, उमंगें हैं जवां
ओ मुश्किलें कहां हैं, उन्हें मेरा दिल पुकारे
गर्दिश में हों तारें...

फिल्म : ठोकर

गीत : साजन देहलवी **संगीत : श्यामजी-घनश्यामजी**

मैं ढूंढता हूं जिनकों रातों के ख्यालों में
वो मुझको मिल सके ना सुबह के उजालों में
सुहानी प्यार की बातें मेरे दिलदार की बातें

कभी इकरार की बातें कभी इनकार की बातें
इक दर्द-सा छुपा है, दिल के हसीन छालों में
मैं ढूंढता....
तेरी यादों की परछाईं, मेरे ख्वाबों में लहराई
तेरी यादों की तन्हाई, मुझे डस लेगी हरजाई
तेरा जवाब होगा, शायद मेरे सवालों में
मैं ढूंढता....
जो यूं बरबाद होते हैं वो कब आबाद होते हैं
दिले नाशाद होते हैं, वो एक फरियाद होते हैं
उलझा हुआ हूं कब से, गम के अजीब जालों में

फिल्म : मिलाप

गीत : अज्ञात **संगीत : गणेश**

कई सदियों के कई जन्मों से
कई सदियों के कई जन्मों से
तेरे प्यार को तरसे मेरा मन
आ जा....
आ जा कि अधूरा है अपना मिलन
राहों में कहीं नजर आया
अपने ही ख्यालों का साया - 2
कुछ देर मेरा मन लहराया
फिर टूट गई आशा की किरण
आ जा....
आ जा कि अधूरा है अपना मिलन
सपनों से मुझे न तू बहला
पायल के सोए गीत जगा
सुनसान है जीवन की बगिया
सूना है बहारों का आंगन
आ जा...
आ जा कि अधूरा है अपना मिलन

फिल्म : जबक

गीत : प्रेम धवन **संगीत : चित्रगुप्त**

सहगायिका : लता मंगेशकर

मुकेश - मुझे मुबारक पुरानी यादें, तुझे मुबारक नया फसाना
जो हो सके तो न याद करना, जो याद आऊं तो
भूल जाना
महलों ने छीन लिया, बचपन का प्यार मेरा
हो बचपन का प्यार मेरा.....

लता - मुझको इल्जाम न दो कर लो एतबार मेरा

मुकेश - तुम हो फलक पर, मैं हूं जमीं पे
तुमको खबर क्या हमारी

लता - मानो न मानो महलों में रहके,मैं आज भी हूं तुम्हारी
मुझको इल्जाम न दो, कर लो एतबार मेरा, हो कर
लो एतबार मेरा...

मुकेश - उलझूंगा न मैं दामन से तेरे राहों का एक ख्वाब बन के

लता - जैसे रहे हो वैसे रहोगे, दिल में मेरे प्यार बनके-
मुझको इल्जाम न दो कर लो एतबार मेरा, हो
कर लो एतबार मेरा

फिल्म : उपासना

गीत : इन्दीवर **संगीत : कल्याणजी-आनंदजी**

दर्पण को देखा तूने, जब-जब किया सिंगार
फूलों को देखा तूने जब-जब आई बहार
इक बदनसीब हूं मैं मुझे नहीं देखा एक बार
दर्पण को....
सूरज की पहली किरणों को देखा तूने अलसाते हुए
रातों में तारों को देखा, सपने में खो जाते हुए
यूं किसी न किसी बहाने, तूने देखा सब संसार
दर्पण को.....
काजल की किस्मत क्या कहिए, नैनों में तूने बसाया है
आंचल की किस्मत क्या कहिए, तूने अंग लगाया है
हसरत ही रही मेरे दिल में, बनूं तेरे गले का हार
दर्पण को....

फिल्म : गेस्ट हाउस

गीत : असद भोपाली **संगीत : रवि**

सहगायिका : लता मंगेशकर

तुमसे कुछ कहना है गर तुम कुछ कहने दो
अजी बोले बिना हम जानें, रहने दो जी रहने दो
इन आंखों में रहना है गर प्यार से रहने दो
पहले दिल को नजरों के कुछ तीर तो सहने दो
हंस-हंस के सह लेंगे बड़े शौक से तीर चलाओ
वह फसाना है पुराना कोई बात नई फरमाओ
चलो झूठ सही हर बात मेरी, इक बार तो सुन भी लो
तुमसे कुछ कहना...
दिल डोले कुछ बोले भला कौन समझे ये इशारे
हो इशारा जो तुम्हारा तो मैं तोड़ के ला दूं सितारे
अजी तुम पे यकीं कुछ हमको नहीं, जरा होश की बात करो
तुमसे कुछ कहना है....
कुछ दिन से मेरे दिल में कोई ख्याल आता है
बातों से बहलाना तुमको, यह कमाल आता है
सच कहते हैं हम चलो खाओ कसम
चलो खाओ कसम
चाहे अपनी कसम ले लो
तुमसे कुछ कहना है....

फिल्म : पूर्णिमा

गीत : गुलजार **संगीत : सलिल चौधरी**

सहगायिका - लता मंगेशकर

मुकेश - हमसफर मेरे हमसफर पंख तुम परवाज हम
जिंदगी का साज हो तुम साज की आवाज हम
लता - हमसफर मेरे हमसफर पंख तुम परवाज हम
जिदंगी का गीत हो तुम गीत का अन्दाज हम
दोनों - हमसफर मेरे हमसफर....
लता- आंखों ने शरमा के कह दी दिल के शरमाने की बात
मुकेश - एक दीवाने ने सुन ली दूजे दीवाने की बात

लता – प्यार की तुम इन्तहा हो, प्यार का आगाज हम
प्यार का आगाज हम, हमसफर मेरे हमसफर
मुकेश – जी में हो अब आसमां की या जमीं की बात हो
लता – खत्म होती है तुम्हीं पर, अब कहीं की बात हो
मुकेश – हो हसीं तुम, महजबीं तुम और तुम्हारा नाज हम
और तुम्हारा नाज हम
दोनों – हमसफर मेरे हमसफर...

फिल्म : शोर

गीत : संतोष आनंद संगीत : लक्ष्मीकांत-प्यारेलाल

इक प्यार का नगमा है, मौजों की रवानी है
जिन्दगी और कुछ भी नहीं, तेरी-मेरी कहानी है
कुछ पाकर खोना है, कुछ खोकर पाना है
जीवन का मतलब तो, आना और जाना है
दो पल के जीवन से, एक उम्र चुरानी है
तू धार है नदिया की, मैं तेरा किनारा हूं
तू मेरा सहारा है, मैं तेरा सहारा हूं
आंखों में समुंदर है, आशाओं का पानी है
तूफान को आना है, आकर चले जाना है
बादल है ये कुछ पल का, छा कर ढल जाना है
परछाइयां रह जाती हैं, रह जाती निशानी है
जिंदगी और...
जो दिल को तसल्ली दे वो साज उठा लाओ
दम घुटने से पहले ही आवाज उठा लाओ
खुशियों की तमन्ना है, अश्कों की जवानी है
किस चीज का रोना है हर चीज तो फानी है।
इक प्यार का...

फिल्म : पहचान

गीत : वर्मा मलिक संगीत : शंकर-जयकिशन

आया न हमको प्यार जताना, प्यार कभी से तुझे करते हैं
भोलापन तेरा भा गया हमको, सादगी पे तेरी मरते हैं
जिसने हमारे दिल को समझा, वो इक तेरा ही दिल है
तेरा आंचल तेरी बांहें, अपनी यही तो मंजिल है

हम तो तेरे हो ही चुके हैं, अपना कहते डरते हैं,
सूरत अच्छी सीरत अच्छी, तू तो एक है लाखों में
खुद पे भरोसा बढ़ जाता है, जब तेरे साथ गुजरते हैं,
एक ही जीवन में तो दिल की प्यास बुझा न पाएंगे
तुझको फिर पाने के लिए हम क्या-क्या रूप बदलते हैं
भोलापन...

फिल्म : सरस्वतीचंद्र

गीत : इंदीवर **संगीत : कल्याणजी-आनंदजी**

सहगायिका : लता मंगेशकर

लता - फूल तुम्हें भेजा है खत में
फूल नहीं मेरा दिल है
प्रियतम मेरे मुझको लिखना
क्या ये तुम्हारे काबिल है

मुकेश- प्यार छिपा है खत में इतना
जितने सागर में मोती
चूम ही लेता हाथ तुम्हारा
पास जो तुम मेरे होती

लता - फूल तुम्हें भेजा है खत में

मुकेश- नींद तुम्हें तो आती होगी
क्या देखा तुमने सपना
आंख खुली तो तन्हाई थी
सपना हो न सका अपना

लता - तन्हाई हम दूर करेंगे ले आओ तुम शहनाई
प्रीति बढ़ाकर भूल न जाना
प्रीति तुम्हीं ने सिखलाई
फूल तुम्हें....

मुकेश - खत से जी भरता ही नहीं
जब नैन मिले तो चैन मिले
चांद हमारे अंगना उतरे कोई तो ऐसी रैन मिले
मिलना हो तो कैसे मिलें हम
मिलने की सूरत लिख दो

लता - नैन बिछाए बैठे हैं हम
कब आओगे खत लिख दो

फिल्म : संन्यासी

गीत : वर्मा मलिक **संगीत : शंकर जयकिशन**

सुन बाल ब्रह्मचारी मैं हूं कन्या कुंवारी
तेरे मन में प्रीति का रंग भर दूं आज तपस्या भंग कर दूं
आके खड़ी हूं द्वारे तेरे तू बैठा है आंखें फेरे
इन आंखों की मदिरा पीले छोड़ ये माला हंस के जी ले
अरे सुन रूपवती, मैं हूं संत जती-सती
किसी और पे डोरे डालो, मेरी मां मुझे बचा लो
बन ठन के मैं ऐसे निकली, जैसे सावन में चमके बिजली
ऐसी मेरी भरपूर जवानी, आग से जैसे लिपटे पानी
हे राम जी दुहाई सरुपनखा आई
अपने लछमन को संभालो, मेरी मां मुझे बचा लो
बना जवानी में तू जोगी, तेरी साधना पूरी न होगी
रूप में मेरे इतनी शक्ति, करने लगेगा मेरी भक्ति, कोई इसका टिकट कटा लो, मेरी मां मुझे बचा लो।

फिल्म : धर्मात्मा

गीत : इन्दीवर **संगीत : कल्याणजी-आनंदजी**

सहगायिका : कंचन

मुकेश - क्या खूब लगती हो, बड़ी सुंदर दिखती हो
कंचन - फिर से कहो, कहते रहो, अच्छा लगता है
जीवन का हर सपना अब सच्चा लगता है
मुकेश - क्या खूब लगती हो....
कंचन - तारीफ करोगे कब तक, बोलो कब तक
मुकेश - मेरे सीने में सांस रहेगी जब तक
कंचन - कब तक मैं रहूंगी मन में, हां मन में
मुकेश - सूरज होगा जब तक नील गगन में
कंचन - फिर से कहो, कहते रहो, अच्छा लगता है
जीवन का हर सपना...
मुकेश - तुम प्राण से प्यारी हो
कंचन - तुम जान हमारी हो
मुकेश - खुश हो न मुझे तुम पाकर, हां पाकर
कंचन - प्यासे दिल को आज मिला है सागर

मुकेश – क्या दिल में है और तमन्ना, हां तमन्ना
कंचन – हर जीवन में तुम मेरे ही बनना
मुकेश – फिर से कहो, कहती रहो, अच्छा लगता है
कंचन – जीवन का हर सपना.....

फिल्म : कटी पतंग

गीत : आनंद बख्शी **संगीत : आर.डी. बर्मन**

जिस गली में तेरा घर न हो बालमा
उस गली से, हमें तो गुजरना नहीं
जो डगर, तेरे द्वारे पे, जाती न हो
उस डगर पर हमें पांव रखना नहीं
जिस गली में....
जिन्दगी में नई रंगरलियां सही
हर तरफ, मुस्कुराती, ये कलियां सही
खूबसूरत बहारों की गलियां सही
जिस चमन में तेरे पग में कांटे चुभें
उस चमन में हमें फूल चुनना नहीं
जिस गली में....
हां ये कसमें, ये रस्में, सभी छोड़ के
तू चली आ, चुनर प्यार की ओढ़ के
या चला जाऊंगा मैं ये जग छोड़ के
जिस जगह याद तेरी रुलाने लगे
उस जगह, एक पल भी ठहरना नहीं
जिस गली में....

फिल्म : संगीत सम्राट तानसेन

गीत : शैलेन्द्र **संगीत : एस.एन. त्रिपाठी**

झूमती चली हवा, याद आ गया कोई
बुझती-बुझती याद को, फिर जला गया कोई
झूमती चली हवा....
खो गयी है मंजिलें, मिट गए हैं रास्ते
गर्दिशें ही गर्दिशें, अब हैं मेरे वास्ते
और ऐसे में मुझे फिर बुला गया कोई
झूमती चली....

चुप हैं चांद-चांदनी, चुप ये आसमान है
मीठी-मीठी नींद में सो रहा जहान है
झूमती चली...

फिल्म : रोटी कपड़ा और मकान

गीत : संतोष आनंद **संगीत : कल्याणजी-आनंदजी**

सहगायिका : लता मंगेशकर

मुकेश- मैं ना भूलूंगा
लता - मैं ना भूलूंगी
मुकेश- इन रस्मों को, इन कसमों को
इन रिश्ते-नातों को
मैं ना भूलूंगा
लता - मैं ना भूलूंगी
मुकेश- चलो जग को भूलें
ओ, चलो जग को भूलें, ख्यालों में झूलें
लता - बहारों में डोलें, सितारों को छू लें
मुकेश- आ मैं तेरी मांग संवारूं
तू दुल्हन बन जाए
लता - मांग से जो दुल्हन का रिश्ता
मैं ना भूलूंगी
मुकेश- समय की धारा में, उमर बह जानी है
लता - दो घड़ी जी लेंगे
हां, दो घड़ी जी लेंगे वही रह जानी है
मुकेश- मैं बन जाऊं सांस आखिरी
तू जीवन बन जाए
लता - जीवन से सांसों का रिश्ता
मैं ना भूलूंगी
मुकेश- बरसता सावन हो
लता - महकता आंगन हो
मुकेश- कभी दिल दूल्हा हो
लता - कभी दिल दुल्हन हो
लता - गगन बनकर झूमें
लता - पवन बनकर झूमें
मुकेश- चलो हम राहें मोड़ें

लता - कभी न संग छोड़ें
मुकेश- कहीं बस जायेंगे
लता - ये दिन कट जायेंगे
मुकेश- अरे क्या बात चली
लता - वो देखो रात ढली
मुकेश- मैं मन का मन्दिर बन जाऊं
तू पूजा बन जाए
लता - मन्दिर से पूजा का रिश्ता
मैं ना भूलूंगी
दोनों - इन रस्मों को, इन कसमों को
लता - मैं ना भूलूंगी
मुकेश- मैं ना भूलूंगा

फिल्म : मेरा नाम जोकर

गीत : शैलेन्द्र **संगीत : शंकर-जयकिशन**

जीना यहां मरना यहां, इसके सिवा जाना कहां
जी चाहे जब हमको आवाज दो
हम हैं वहीं, हम थे जहां, अपने यहीं दोनों जहां
इसके सिवा जाना कहां
जीना यहां...
ये मेरा गीत जीवन संगीत
कल भी कोई दोहराएगा
जब भी कोई बहरूपिया
रूप बदलकर फिर आएगा
स्वर्ग यहां, नर्क यहां, इसके सिवा जाना कहां
जीना यहां...
कल खेल में हम हों न हों
गर्दिश में तारे रहेंगे सदा
भूलोगे तुम, भूलेंगे वो
पर हम तुम्हारे रहेंगे सदा
रहेंगे वहीं अपने निशां, इसके सिवा जाना कहां
हम हैं वहीं हम थे जहां, अपने यहीं दोनों जहां
इसके सिवा जाना कहां
जीना यहां...

फिल्म : बेटी

गीत : शकील बदायूंनी **संगीत : सोनिक ओमी**

ये क्या किया रे दुनिया वाले
जहां के गम तूने सभी मुझे दे डाले
ये क्या....
ओ रे बेदर्दी, ओ हरजाई
देख ली, मैंने तेरी खुदाई
पहले ही मेरा दिल घायल था
और भी उस पर चोट लगाई
तूने रुलाके मुझे दर-दर फिराके मुझे
कब के ये अरमां निकाले
ये क्या....
सुबह का सूरज रात के तारे
बन गए सबके सब अंगारे
आस के बन्धन तोड़ के तूने
छीन लिए सब आज सहारे
मेरे लहू की कसम
और भी कर दे सितम
आग तू दिल की बुझाले
ये क्या...जहां के....

फिल्म : पहचान

गीत : नीरज **संगीत : शंकर-जयकिशन**

बस यही अपराध मैं हर बार करता हूं
आदमी हूं आदमी से प्यार करता हूं
इक खिलौना बन गया हूं दुनिया के मेले में
कोई खेले भीड़ में, कोई अकेले में
मुस्कराकर भेंट हर, स्वीकार करता हूं
आदमी हूं, आदमी से....
हूं बहुत नादान, करता हूं ये नादानी
बेचकर खुशियां खरीदूं आंख का पानी
हाथ खाली है मगर, व्यापार करता हूं
आदमी हूं आदमी से....

मैं बसाना चाहता हूं, स्वर्ग इस धरती पर
आदमी जिसमें रहे, बस आदमी बनकर
उस नगर की हर गली, तैयार करता हूं
आदमी हूं आदमी से प्यार करता हूं...

फिल्म : संगम

गीत : शैलेन्द्र **संगीत : शंकर-जयकिशन**

दोस्त दोस्त न रहा, प्यार-प्यार न रहा
जिन्दगी हमें तेरा, ऐतबार न रहा, अमानतें मैं प्यार की, गया
था जिसको सौंपकर
वो मेरे दोस्त तुम ही तो थे, तुम्हीं तो थे
जो जिन्दगी की राह में, बने थे मेरे हमसफर
वो मेरे दोस्त तुम ही थे, तुम्हीं तो थे
सारे भेद खुल गए, राजदार न रहा
जिन्दगी हमें....
गले लगी सहम-सहम, भरे गले से बोलती
वो तुम न थीं तो कौन था, तुम्हीं तो थीं
सफर के वक्त में, पलक में मोतियों को तोलतीं
वो तुम न थी तो कौन था, तुम्हीं तो थीं
नशे की रात ढल गई, अब खुमार न रहा
जिन्दगी हमें....
वो मुस्करा कर रह गए, सहर की जब हुई घड़ी
वफा का ले के नाम जो धड़क रहे हर घड़ी
वो मेरे नेक-नेकदिल, तुम ही तो थे
तुम्हीं तो थे
अब किसी का मेरे दिल, इन्तजार न रहा
जिन्दगी हमें...

फिल्म : आनंद आश्रम

गीत : इन्दीवर **संगीत : श्यामलाल मिश्रा**

राही नए-नए, रास्ता नया-नया
तुम न बदली मैं न बदला
सब कुछ बदल गया -
याद सुहानी बचपन की पत्थर पे खिंची रेखा

पहला-पहला प्यार दिलों से मिटते नहीं देखा
तूफान समय के बुझा न सके
ये दीप जला तो जला
वक्त के साथ बदल जाए उसे प्यार नहीं कहते
जो हर मोड़ पे मुड़ जाये उसे प्यार नहीं कहते
यार वही जो साथी बनकर दुःख में साथ चला
तुम न बदली, मैं न बदला
सब कुछ बदल गया

फिल्म : मेरा घर मेरे बच्चे

गीत : हसरत जयपुरी **संगीत : सरदार मलिक**

चन्दा के देश में रहती एक रानी
आंखें हैं उसकी चंचल सितारे
बिजली सी उसकी जवानी
चांदी सी झिलमिल वह हंसी
दिल में बसी एक नाजनीं
चन्दा के....
हमने जो देखा तो आया यकीं
दुनिया में उस जैसा कोई नहीं
उसकी अदायें सबसे जुदा हैं
उसकी झलक पर दुनिया दीवानी
चन्दा के...
बादल के रथ पर निकलती है वो
बिजली के डोले में चलती है वो
इन्द्रधनुष उसकी अंगड़ाई है
चंदा भी उसकी परछाई है
बातें करे तो झड़ते हैं मोती
पूछो न उसकी जादू-बयानी
चंदा के...
नाजों-अदा से संवरती है वो
हर फूल में रंग भरती है वो
धरती के राजा पे मरती है वो
बच्चों से भी प्यार करती है वो
चंदा में देखा करते हैं चरखा
खत्म हुई अब उसकी कहानी।
चन्दा के .....।

फिल्म : दिल ही तो है

गीत : साहिर लुधियानवी **संगीत : रोशन**

तुम अगर मुझको न चाहो तो कोई बात नहीं
तुम किसी और को चाहोगी, तो मुश्किल होगी
अब अगर मेल नहीं है, तो जुदाई भी नहीं
बात तोड़ी भी नहीं तुमने, निभाई भी नहीं
ये सहारा भी बहुत है, मेरे जीने के लिए
तुम अगर मेरी नहीं हो, तो पराई भी नहीं
गैर के दिल को सराहोगी, तो मुश्किल होगी
तुम हसीं हो, तुमसे सब प्यार ही करते होंगे
मैं जो मरता हूं, तो क्या और भी मरते होंगे
सबकी आंखों में शौक का तूफान होगा
सबके सीने में यही दर्द उभरते होंगे
मेरे गम में न कराहो, तो कोई बात नहीं
और के गम में कराहोगी, तो मुश्किल होगी
फूल की तरह हंसो, सबकी निगाहों में रहो
अपनी मासूम जवानी की पनाहों में रहो
मुझको वो दिन, न दिखाना, तुम्हें अपनी ही कसम
मैं तरसता रहूं, तुम गैर की बांहों में रहो
तुम मुझसे न निभाओ, तो कोई बात नहीं
किसी दुश्मन से निभाओगी, तो मुश्किल होगी...

फिल्म : मैं नशे में हूं

गीत : शैलेंद्र **संगीत : शंकर-जयकिशन**

जाहिद शराब पीने दे, मस्जिद में बैठकर
या वो जगह बता दे, जहां पर खुदा न हो
मुझको यारों माफ करना मैं नशे में हूं
अब तो मुमकिन है बहकना, मैं नशे में हूं
कल की यादें मिट रही हैं, दर्द भी है कम
अब जरा आराम से आ, जा रहा है दम
कम है अब दिल का धड़कना, मैं नशे में हूं
ढल चुकी है रात अब तक, उठ गई महफिल
मैं कहां जाऊं, नहीं कोई मेरी मंजिल

दो कदम मुश्किल है चलना, मैं नशे में हूं
है जरा-सी बात और छलके हैं कुछ प्याले
पर न जाने क्या कहेंगे ये जहां वाले
तुम बस इतना याद रखना, मैं नशे में हूं
मुझको यारों माफ करना...

फिल्म : तीसरी कसम

गीत : शैलेन्द्र **संगीत : शंकर-जयकिशन**

सजनवा बैरी हो गए हमार
चिठिया हो तो हर कोई बांटे
भाग न बांटे कोय
बलमवा बैरी हो गए हमार
सजनवा बैरी हो गए हमार
जाए बसे परदेस सजनवा
सौतन के भरमाए
न संदेश, न कोई खबरिया
रुत आए, रुत जाए
डूब गए हम बीच भंवर में
करके सोलह सिंगार
सजनवा बैरी हो गए हमार
सूनी सेज, गोद मेरी सूनी
मरम न जाने कोय
छटपट तड़पे, प्रीति बिचारी
ममता आंसू रोये
न कोई इस पार हमारा
न कोई उस पार
सजनवा बैरी हो गए हमार

फिल्म : पहली नजर

गीत : आह सीतापुरी **संगीत : अनिल विश्वास**

दिल जलता है तो जलने दे
आंसू न बहा फरियाद न कर
तू परदानशीं का आशिक है
यूं नामे-वफा बरबाद न कर

दिल जलता है तो....
मासूम नजर का तीर चला
बिस्मिल को बिस्मिल और बना
अब शर्मो-हया के परदे में
यूं छुप-छुप के बेदाद न कर
दिल जलता है तो...
हम आस लगाए बैठे हैं
तुम वादा करके भूल गए
या सूरत आके दिखा जाओ
या कह दो हमको याद न कर
दिल जला है...

फिल्म : मजबूर

गीत : आनंद बख्शी **संगीत : कल्याणजी-आनंदजी**

कभी सोचता हूं कि मैं कुछ कहूं
कभी सोचता हूं कि मैं चुप रहूं
आदमी जो कहता है, आदमी जो सुनता है,
जिन्दगी भर वो सदाएं पीछा करती हैं
आदमी जो देता है, आदमी जो लेता है
जिंदगी भर...
कोई भी हो हर ख्वाब तो सच्चा नहीं होता
बहुत ज्यादा प्यार भी अच्छा नहीं होता
कभी दामन छुड़ाना हो तो मुश्किल हो,
प्यार के रिश्ते टूटें तो प्यार के रास्ते छूटें तो
रास्ते में फिर वफाएं पीछा करती हैं...
आदमी जो करता है...
कभी-कभी मन धूप के कारण तरसता है
कभी-कभी फिर झूम के सावन बरसता है
पलक झपके यहां मौसम बदल जाए,
प्यास कभी मिटती नहीं, एक बूंद भी मिलती नहीं
और कभी रिमझिम घटाएं, पीछा करती हैं
आदमी जो कहता है...

फिल्म : कभी-कभी

गीत : साहिर लुधियानवी **संगीत : खैयाम**

कभी-कभी मेरे दिल में खयाल आता है
कभी-कभी मेरे दिल में खयाल आता है
कि जैसे तुमको बनाया गया है मेरे लिए
तू अब से पहले सितारों में बस रही थी कहीं
तुझे जमीं पर बुलाया गया है मेरे लिए
कभी-कभी मेरे दिल में खयाल आता है
कि ये बदन और निगाहें, मेरी अमानत है
ये गेसुओं की घनी छांव है मेरी खातिर
ये होंठ और ये बांहें मेरी अमानत हैं
कभी-कभी मेरे दिल में खयाल आता है
कि जैसे, बजती है शहनाईयां सी राहों में
सुहागरात है, घूंघट उठा रहा हूं मैं
सिमट रही है, तू शरमा के, अपनी बांहों में
कभी-कभी मेरे दिल में खयाल आता है
कि जैसे तू मुझे चाहेगी, उम्र भर यूं ही
उठेगी मेरी तरफ प्यार की नजर यूं ही
मैं जानता हूं, कि तू गैर है मगर यूं ही
कभी-कभी मेरे दिल में खयाल आता है।

फिल्म : जिस देश में गंगा बहती है

गीत : शैलेन्द्र **संगीत : शंकर-जयकिशन**

आ अब लौट चलें, नयन बिछाए बांहें पसारे
तुझको पुकारे देश तेरा...
सहज है सीधी राह पर चलना
देख के उलझन बचके निकलना
कोई ये चाहे माने न माने,
बहुत है मुश्किल, गिर के संभलना
आ अब लौट चलें...
आंख हमारी मंजिल पर है
दिल में खुशी की मस्त लहर है
लाख लुभाएं, महल पराए
अपना घर फिर अपना घर है
आ अब लौट...

फिल्म : रानी रूपमती

गीत : भरत व्यास **संगीत : एस.ए. त्रिपाठी**

आ लौट के आ जा मेरे मीत
तुझे मेरे गीत बुलाते हैं
मेरा सूना पड़ा है संगीत
तुझे मेरे गीत बुलाते हैं
आ, लौट के आ जा....
बरसे गगन, मेरे बरसे नयन
देखो तरसे है मन
अब तो आ जा,
शीतल पवन, ये लगाए अगन
ओ सजन, अब तो मुखड़ा दिखा जा
तूने भली रे निभाई प्रीति
तुझे मेरे गीत बुलाते हैं
आ, लौट के आ जा....
इक पल है हंसना, इक पल है रोना
कैसा है जीवन का खेला
इक पल है मिलना, एक पल बिछड़ना
दुनिया है दो दिन का मेला
ये घड़ी न जाए बीत
तुझे मेरे गीत बुलाते हैं
आ लौट के आ जा...

फिल्म : टैक्सी-टैक्सी

गीत : मजरूह सुल्तानपुरी **संगीत : हेमंत भोंसले**

जीवन में हमसफर मिलते तो हैं जरूर
पर खो जाते हैं चलके थोड़ी दूर
जीवन में हमसफर....
अजब राह में जिन्दगी है खोई
कि ढूंढों किसी को मिलता है कोई
कब उम्र भर साथ चलता है कोई
जीवन में हमसफर....
हमदम वो साथी मेरे दिल जिगर के

कहां छुप गए मुझको आवारा करके
जीवन में हमसफर मिलते तो हैं जरूर
पर खो जाते हैं चलके थोड़ी दूर
जीवन में हमसफर...

फिल्म : गृहस्थी

गीत : शकील बदायूंनी **संगीत : गुलाम मुहम्मद**

सहगायिका : शमशाद बेगम

तेरे नाज उठाने को जी चाहता है
तुझे ढूंढ लाने को जी चाहता है
गए दिन भुलाने को जी चाहता है
वफा आजमाने को जी चाहता है
कसम है तुझे दिल की दुनिया में आ जा
ये दुनिया बसाने को जी चाहता है
जहां दिल ने दिल से हंसकर कहा था
वहीं लौट आने को जी चाहता है
मोहब्बत में आता है ऐसा भी इक दिन
अब आंसू बहाने को जी चाहता है...
तेरे नाज उठाने को...

फिल्म : चांदनी चौक

गीत : मजरूह सुल्तानपुरी **संगीत : रोशन**

हमें ऐ दिल, कहीं ले चल, तेरा बड़ा करम होगा
हमारे गम से है हर गम, न हम होंगे न गम होगा
हमें ऐ दिल, कहीं ले चल....
खबर क्या थी बहार आकर, हमारे आशियाने पर
नई बिजली गिराएगी, हम पर नया सितम होगा
हमें ऐ दिल, कहीं ले चल
तमन्नाओं से बदली है, न बदलेगी कभी किस्मत
लिखा है जो मुकद्दर में, वही तेरी कसम हो।
हमें ऐ दिल, कहीं ले चल...

फिल्म : धर्म कर्म

गीत : मजरूह सुल्तानपुरी   संगीत : राहुल देव बर्मन

इक दिन बिक जाएगा, माटी के मोल
जग में रह जाएंगे प्यारे तेरे बोल
दूजे के होठों को देकर अपने गीत
कोई निशानी छोड़, फिर दुनिया में डोल
इक दिन बिक जाएगा....
अनहोनी पथ में कांटे लाख बिछाए
होनी तो फिर भी बिछड़ा यार मिलाए
ये विरहा, ये दूरी
दो पल की मजबूरी
फिर कोई दिलवाला, काहे को घबराए
तरम...पम...
धारा जो बहती है मिल के रहती है
बहती धारा बन जा फिर दुनिया में डोल
इक दिन बिक जाएगा...
परदे के पीछे बैठी, सांवल गोरी
थाम के तेरे-मेरे, मन की डोरी
ये डोरी न छूटे
प्रेम बन्धन न टूटे
भोर होनेवाली है, अब रैना है थोड़ी
तरम..पम...
सर को झुकाए तू, बैठा क्या है यार
गोरी से नैना जोड़, फिर दुनिया में डोल
इक दिन बिक जाएगा...

फिल्म : मिलन

गीत : आनंद बख्शी   संगीत : लक्ष्मीकांत-प्यारेलाल

सहगायिका : लता मंगेशकर

मुकेश- बोल गोरी बोल तेरा कौन पिया
कौन है वो जिसे तूने प्यार किया
लता- अरे तू जाने ना उसका नाम, हर सुबह हर शाम
दुनिया ने उसी का नाम लिया

मुकेश- है कौन वो सारे जग से निराला
कोई निशानी बताओ बाला
लता- उसकी निशानी वो भोला-भाला
उसके गले में सर्पों की माला
मुकेश- तेरा साजन है या बहरूपिया बोल....
लता- मन उसका मंदिर है प्राण पुजारी
घोड़ा न हाथी अरे बैल सवारी
कैलाश पर्वत का जोगी है वो
मुकेश- अच्छा वही दर-दर का भिखारी
लता- हां वो है भिखारी ठीक
लेके भक्ति की भीख
बदले में जगत को मोक्ष दिया
मैं जिस को भाऊं जो मुझको
एक दोष तो कोई इसमें बताए
मुकेश- तू जिस पे मरती है हाय
वो है जटाओं में गंगा बसाये
लता- दिल का ये साथ युग-युग से मेरी बात
अगर मैं बाती तो वो दीया
मुकेश - बोल गोरी बोल...

फिल्म : नमस्ते जी

गीत : कैफी आजमी **संगीत : जी.एस. कोहली**

सहगायिका : लता मंगेशकर

मुकेश- बहारों, थाम लो अब दिल
मेरा महबूब आता है
लता- शरारत कर ना, नाजुक दिल
शर्म से डूब जाता है
मुकेश- बहारों थाम लो....
लता- कहर अन्दाज है, तेरे
कयामत हैं तेरी बातें
मेरी तो जान ले लेगी
ये बातें ये मुलाकातें
मुकेश- सनम शरमाए जब ऐसे
मजा कुछ और आता है
लता- शरारत कर न नाजुक...
मुकेश- लबों पर हंसी कातिल

गजब जादू निगाहों में
हमको मुहब्बत की
ऐसी राहों में

लता- जाता है दिल, जब
बहल
रूबरू दिलदार आता है

मुकेश- बहारों थाम लो अब...

फिल्म : मॉडर्न गर्ल

गीत : गुलशन बावरा **संगीत : रवि**

सहगायिका : लता मंगेशकर

मुकेश- ये मौसम रंगीन समां
ठहर जरा, ओ जाने जां
तेरा-मेरा, मेरा-तेरा, प्यार है
तो, फिर कैसा शरमाना

लता- रुक तो मैं जाऊं जाने जां
मुझको है इन्कार कहां
तेरा-मेरा, मेरा-तेरा, प्यार सनम
न बन जाए अफसाना

मुकेश- ये चांद और सितारे
कहते हैं मिलकर सारे
आ जा, प्यार करें

लता- ये चंदा बैरी देखे
ऐसे में बोलो कैसे
इकरार करें

मुकेश- दिल में है कुछ कहे जुबां
प्यार यही है जाने जां
तेरा-मेरा, मेरा-तेरा, प्यार है
तो फिर कैसा घबराना

लता- रुक तो मैं जाऊं जाने जां...

मुकेश- ये प्यार की लम्बी राहें
बांहों में डाले बांहें
कहीं दूर चलें

लता- बैठे हैं घेरा डाले
ये जालिम दुनिया वाले

हमें देख जलें
मुकेश- जलता है तो जले जहां
ठहर जरा ओ जाने जां
तेरा-मेरा मेरा-तेरा...

फिल्म : संगम

गीत : शैलेन्द्र **संगीत : शंकर जयकिशन**

सहगायिका : वैजयन्ती माला

मुकेश- मेरे मन की गंगा और तेरे मन की जमना का
बोल राधा बोल, संगम होगा कि नहीं
अरे, बोल राधा बोल, संगम होगा कि नहीं
वैजयन्ती- नहीं, कभी नहीं
मुकेश- कितनी सदियां बीत गयीं
हाय तुझे समझाने में
मेरे जैसा, धीरज वाला
है कोई और जमाने में
दिल का बढ़ता बोझ कभी कम होगा कि नहीं
अरे, बोल राधा बोल, संगम होगा होगा कि नहीं
वैजयन्ती- नहीं....नहीं...नहीं
मुकेश- दो नदियों का मेल अगर
इतना पावन कहलाता है
क्यों न जहां दो दिल मिलते हैं
स्वर्ग वहां बन जाता है
हर मौसम है प्यार का मौसम, होगा कि नहीं
बोला राधा बोल, संगम होगा कि नहीं
अरे, बोल राधा बोल, संगम होगा कि नहीं
वैजयन्ती- जा-जा
मुकेश- तेरी खातिर, मैं तड़पा यूं
तरसे बिजली सावन को
राधा-राधा एक रटन है
सांस के आवन-जावन को
पत्थर पिघले, दिल तेरा नम होगा कि नहीं
बोल राधा बोल, संगम होगा कि नहीं
अरे, बोल राधा बोल, संगम होगा कि नहीं
वैजयन्ती- अरे बाबा! इतना क्यों तंग करते हो
होगा...होगा...होगा

फिल्म : अलबेला

गीत :हसरत जयपुरी **संगीत : शंकर-जयकिशन**

ऐ मेरे दिल मत कर किसी पे ऐतबार
हर कदम पे हैं धोखे हजार
अलबेले आजाद परिंदे मस्ती में तू गाता चल
पी ले खा ले प्यार का दाना झूम-झूम लहराता चल
ऐ मेरे दिल...
निर्धन की कोई बात न पूछे दौलत के सब बन्दे हैं
मनमानी करते हैं, जालिम आंखें रखकर अन्धे हैं
ऐ मेरे दिल...
परछाई को किसने पकड़ा काम भला कब आई है
इससे प्यार की आस न रख तू दुनिया खुद परछाई है
ऐ मेरे दिल....

फिल्म : मधुमती

गीत : शैलेन्द्र **संगीत : सलिल चौधरी**

सहगायिका - लता मंगेशकर

मुकेश- दिल तड़प-तड़प के कह रहा है, आ भी जा
तू हमसे आंखें न चुरा, तुझे कसम है, आ भी जा
तू नहीं तो ये बहार क्या बहार है
गुल नहीं खिले कि तेरा इन्तजार है
लता- दिल धड़क-धड़क के दे रहा है ये सदा
तुम्हारी हो चुकी हूं मैं, तुम्हारे पास हूं सदा
तुमसे मेरी जिन्दगी का ये सिंगार है
जी रही हूं मैं कि मुझको तुमसे प्यार है
मुकेश- दिल तड़प-तड़प के कह रहा है, आ भी जा
लता- दिल धड़क-धड़क के दे रहा है ये सदा
मुकेश- मुस्कुराते प्यार का असर है हर कहीं
लता- हम कहां हैं दिल किधर है कुछ खबर नहीं
दोनों- किधर है कुछ खबर नहीं
दिल तड़प-तड़प के...

फिल्म : अदालत

गीत : गुलशन बावरा संगीत : कल्याणजी-आनंदजी

बहना ओ बहना तेरी डोली मैं सजाऊंगा
तोहरी जाएगी बारात, होगी आंखों में बरसात
हंस-हंस के मैं दुखड़ा विदाई का छुपाऊंगा
बहना-ओ-बहना...
मेरी गुड़िया जैसी बहना
तू तो है इस घर का गहना
जाइके तू ससुराल में अपने, सीता जैसी बनके रहना
बहना ओ बहना....
जीवन में तू सब सुख पाना,
सदा सुखी ससुराल में रहना
सुख के उस जीवन में हमको,
भूल न जाना प्यारी बहना
बहना ओ बहना...

फिल्म : फ्लैट नं. 911

गीत : असद भोपाली संगीत : ऊषा खन्ना

गा दीवाने झूम के, रात की जुल्फें चूम के
दिल भी है दिलदार भी है मौसम भी है प्यार भी है
कल तक दुनिया और थी पर आज जमाना और है
दिल की कहानी और है, आंखों का फसाना और है
डूब नशे में, छेड़ मजे में, तू कोई नगमा मस्ताना
गा दीवाने...
आज कोई जब डोलता है, ले लेकर अगंड़ाईयां
दिल पे किसी के नाचती हैं, शोले की परछाईयां
देख मचल के, शमां से, मिलके कहता है क्या परवाना
गा दीवाने...
कौन ये आया झूमता, मस्ती में कदम है चूर से
देख रहे हैं ये शमां मुड़-मुड़ के सितारे दूर से
गा दीवाने....

फिल्म : मदारी

गीत : फारूख कैसर **संगीत : कल्याणजी-आनंदजी**

सहगायिका - लता मंगेशकर

लता- दिल लूटने वाले जादूगर
अब मैंने तुझे पहचाना है
मुकेश- नजरें तो उठा के देख जरा
तेरे सामने ये दीवाना है
लता- ये चांद-सितारे, देख न लें
मेरे प्यार के नाजुक बन्धन को
मुकेश- आंखों में छुपाकर रख लूंगा
इस फूल से कोमल तन-मन को
लता- धीरे से कहो, ये बात पिया
जग अपना नहीं, बेगाना है
मुकेश- नजरें तो उठा के देख जरा
तेरे सामने ये दीवाना है
लता- दिल लूटने वाले....
मुकेश- अरमान था तुझको देखूं मैं
सावन की नशीली रातों में
लता- खो जाएं पिया हम तुम दोनों
इन प्यार की मीठी बातों में
मुकेश- तू सामने है तो सब कुछ है
वरना ये चमन वीराना है
लता- दिल लूटने वाले जादूगर
अब मैंने तुझे पहचाना है
मुकेश- नजर तो उठा के....
लता- मैं प्यार की माला गूथूंगी
आशाओं की कलियां, चुन-चुन के
मुकेश- रूठे न कहीं मुझसे दुनिया
यह बात तुम्हारी, सुन-सुन के
लता- अरमान भरे दिल वालों का
दुनिया ने कहां कब माना है
मुकेश- नजरे तो उठा के........

फिल्म : मानवता

गीत : इन्दीवर **संगीत : कल्याणजी-आनंदजी**

तेरे विशाल हृदय ने पाई सातों सागर की गहराई
सात रंग से सुंदर तुझको रंग मिला
सारे सुख मिल जायेंगे मुझको, कहीं जो तेरा संग मिला
तेरे विशाल....
सातों गगन तेरी आंखों में, सात सुरों का रस बातों में
ताल में डूबी चाल को तेरी, जलतरंग का ढंग मिला
सारे सुख मिल जायेंगे मुझको, कहीं जो तेरा संग मिला
तेरे विशाल....
एक बड़ी तुझमें अच्छाई, प्यार में है तेरे सच्चाई
मदिरा भी तू, गंगाजल तू, तुझको अनोखा अंग मिला
सारे सुख मिल जायेंगे मुझको, कहीं जो तेरा संग मिला
तेरे विशाल....

फिल्म : उम्र कैद

गीत : हसरत जयपुरी **संगीत : दत्ताराम**

मुझे रात-दिन ये ख्याल है
वो नजर से मुझको गिरा न दे
मेरी जिंदगी का दीया कहीं
ये गमों की आंधी बुझा न दे
मुझे रात....
मेरे दिल के दाग न जल उठें
कहीं मेरे सीने की आग से
ये घुटी-घुटी मेरी आह भी
कहीं होश मेरे गंवा न दे
मुझे रात....
किसे अपना हाल सुनाऊं मैं
दिल भी गैर का हो चुका
बड़ी-बड़ी उलझनों में घिरा हुआ हूं मैं
ये फसाना कोई बना न दे
मुझे रात...
मैं दीया हूं ऐसा जहान में

के जलता तो हूं नहीं है रोशनी
जो जिगर में है वो खलिश नहीं
मेरी हसरतों को मिटा न दे
मुझे रात...

फिल्म : देवर

गीत : आनंद बख्शी **संगीत : रोशन**

आया है मुझे अब याद वो जालिम
गुजरा जमाना बचपन का
हाय रे अकेले छोड़ के जाना
और न जाना बचपन का
आया है...
वो खेल, वो साथी, वो झूले
यह दौड़ के कहना-आ छू ले
हम आज तलक भी न भूले
वह ख्वाब सुहाना बचपन का
आया है....
इसकी सबको पहचान नहीं
ये दो दिन का मेहमान नहीं
मुश्किल है बहुत आसान नहीं
यह प्यार भुलाना बचपन का
आया है....
मिलकर रोएं फरियाद करें
उन बीते दिनों को याद करें
ऐ काश कहीं मिल जाए कोई
जो मीत पुराना बचपन का
आया है...

फिल्म : फिर सुबह होगी

गीत : साहिर लुधियानवी **संगीत : खैयाम**

वह सुबह कभी तो आएगी-वह सुबह कभी तो आएगी
इन काली सदियों के सर से जब रात का आंचल ढलकेगा
जब दुःख के बाद पिघलेंगे जब सुख का सागर छलकेगा
जब अंबर झूम के नाचेगा, जब धरती नगमे गाएगी

वह सुबह कभी तो आएगी, वह सुबह कभी तो आएगी
जिस सुबह की खातिर जुग-जुग से हम मर-मर कर जीते हैं
जिस सुबह के अमृत की धुन में जहर के प्याले पीते हैं
इन भूखी-प्यासी राहों पर इक दिन तो करम फरमाएगी
वह सुबह कभी तो आएगी-वह सुबह कभी...
माना कि अभी कुछ मेरे इन
अरमानों की कीमत कुछ भी नहीं
मिट्टी का भी है कुछ मोल मगर
इन्सानों की कीमत कुछ भी नहीं
इन्सानों की इज्जत जब झूठे सिक्कों में तोली जाएगी
वह सुबह कभी तो आएगी, सुबह कभी तो आएगी
दौलत के लिए जब औरत की अस्मत को न बेचा जाएगा
चाहत को न कुचला जाएगा, गैरत को न बेचा जाएगा
अपनी काली करतूतों पर जब ये दुनिया शर्माएगी
वह सुबह कभी तो आएगी-वह सुबह....
बीतेंगे कभी तो दिन आखिर ये भूख के और बेकारी के
टूटेंगे कभी तो बुत आखिर दौलत की इजारेदारी के
जब एक अनोखी दुनिया की बुनियाद उठाई जाएगी
वह सुबह कभी तो आएगी-वह सुबह कभी तो...
मजबूर बुढ़ापा जब सूनी राहों की धूल न फांकेगा
मासूम लड़कपन जब गंदी गलियों में भीख न मांगेगा
हक मांगने वालों को जिस दिन सूली न दिखाई जाएगी
वह सुबह कभी तो आएगी-वह सुबह कभी तो...
फाकों की चिताओं पर जिस दिन इन्सान न जलाए जाएंगे
सीने के दहकते दोजख में अरमां न जलाए जाएंगे
यह नर्क से भी गंदी दुनिया, जब स्वर्ग बनाई जाएगी
वह सुबह कभी तो आएगी - वह सुबह कभी तो...
जब धरती करवट बदलेगी जब कैद से कैदी छूटेंगे
जब पाप के घरौंदे फूटेंगे, जब जुल्म के बादल छूटेंगे।
उस सुबह को हम ही लाएंगे, वह सुबह हमीं से आएगी
मनहूस समाज के ढांचों में जब जुल्म न पाले जाएंगे
जब हाथ न काटे जाएंगे, जब सर न उछाले जाएंगे
जेलों के बिना जब दुनिया की सरकार चलाई जाएगी
वह सुबह हमीं से आएगी - वह सुबह हमीं से...

संसार के सारे मेहनतकश खेतों से, मिलों से निकलेंगे
बेघर-बेदर इन्सान सभी, तारीक बिलों से निकलेंगे
दुनिया अगर और खुशहाली के फूलों से सजाई जाएगी
वह सुबह हमीं से आएगी वह सुबह हमीं ....

फिल्म : नई उम्र की नई फसल

गीत : नीरज **संगीत : रोशन**

देखती ही रहो आज दर्पण न तुम
प्यार का ये महूरत निकल जाएगा-निकल जाएगा
सांस की तो बहुत तेज रफ्तार है
और छोटी है बहुत मिलन की घड़ी
गूंथते-गूंथते ये घटा सांवरी
बुझ न जाए कहीं रूप की फुलझड़ी
चूड़ियां ही न तुम खनखनाती रहो, चूड़ियां...
ये शरमसार मौसम बदल जाएगा - बदल जाएगा
देखती ही...
सुर्ख होंठों पे ये हंसी मदभरी
जैसे शबनम अंगारों की मेहमान हो
जाम बनती हुई ये नशीली नजर,
देख ले तो खुदाई परेशान हो
मुस्कुराओ न ऐसे चुराकर नजर
आईना देख सूरत मचल जाएगा...मचल जाएगा
देखती ही...
चाल ऐसी है मदहोश-मस्ती भरी
नींद सूरज-सितारों को आने लगे
इतने नाजुक कदम चूम पाए अगर
सोते-सोते बियाबान गाने लगे,
मत महावर रचाओ बहुत पांव में
फर्श का नरम दिल दहल जाएगा..दहल जाएगा
देंखती रहो..

फिल्म : हिमालय की गोद में

गीत : कमर जलालाबादी   संगीत : कल्याणजी-आनंदजी

चांद सी महबूबा हो मेरी, कब मैंने ऐसा सोचा था
हां तुम बिल्कुल वैसी हो, जैसा मैंने सोचा था
न कसमें हैं, न रस्में हैं
न शिकवे हैं, न वादे हैं
इक सूरत भोली-भाली है
दो नैना सीधे-सादे हैं - 2
ऐसा ही रूप खयालों में था जैसा मैंने सोचा था
हां तुम....
मेरी खुशियां ही न बांटे
मेरे गम भी सहना चाहे
देखे न ख्वाब महलों के
मेरे दिल में रहना चाहे - 2
इस दुनिया में कौन था ऐसा, ऐसा मैंने सोचा था
हां तुम....

फिल्म : पुष्पांजलि

गीत : आनंद बख्शी   संगीत : लक्ष्मीकांत-प्यारेलाल

जाने चले जाते हैं कहां
दुनिया से जाने वाले, जाने चले जाते हैं कहां
कैसे ढूंढे कोई उनको, नहीं कदमों के भी निशां
दुनिया से....
जाने है वो कौन नगरिया
आए-जाए खत न खबरिया
आएं जब-जब उनकी यादें
होंठों पे जैसे फरियादें
जाके फिर न आने वाले, चले जाते हैं कहां
दुनिया से ....
मेरे बिछड़े जीवन साथी
साथी जैसे दीपक-बाती
मुझसे बिछड़ गए तुम ऐसे
सावन के जाते ही जैसे

उड़के बादल काले-काले, जाने चले जाते हैं कहां
कैसे ढूंढ़े कोई ....
दुनिया से.....

फिल्म : जिस देश में गंगा बहती है

गीत : शैलेन्द्र **संगीत : शंकर-जयकिशन**

होंठों पे सच्चाई रहती है
जहां दिल में सफाई रहती है
हम उस देश के वासी हैं
हम उस देश के वासी हैं
जिस देश में गंगा बहती है
जिस देश में गंगा...
मेहमां जो हमारा होता है
वो जान से प्यारा होता है
ज्यादा की नहीं लालच हमको
थोड़े में गुजारा होता है
बच्चों के लिए जो धरती मां
सदियों से सभी कुछ सहती हैं
हम उस देश के वासी हैं
हम उस देश के वासी हैं
जिस देश में गंगा....
कुछ लोग जो ज्यादा जानते हैं
इन्सान को कम पहचानते हैं
ये पूरब है पूरब वाले
हर जान की कीमत जानते हैं
मिल-जुल के रहो और प्यार करो
इक चीज यही तो रहती है
हम उस देश के वासी हैं
हम उस देश के वासी हैं
जिस देश में गंगा...
जो जिससे मिला सीखा हमने
गैरों को भी अपनाया हमने
मतलब के लिए अंधे होकर
रोटी को नहीं पूजा हमने

अब हम तो क्या, सारी दुनिया
सारी दुनिया से कहती है
हम उस देश के वासी हैं
हम उस देश के वासी हैं
जिस देश में गंगा...

फिल्म : आनन्द

गीत : गुलजार **संगीत : सलिल चौधरी**

मैंने तेरे लिए ही सात रंग के सपने चुने
सपने सुरीले सपने
कुछ हंसते, कुछ गम के, तेरी आंखों के
साए, चुराए, रसीली यादों ने
मैंने तेरे लिए ही, सात रंग...
छोटी बातें, छोटी-छोटी बातों की है यादें बड़ी
भूले नहीं, बीती हुई इक छोटी घड़ी
जन्म-जन्म से, आंखें बिछाए, तेरे लिए ही राहों में
मैंने तेरे लिए ही सात रंग के....
रूठी रातें, रूठी हुई रातों को मनाया कभी
मीठी सुबह को बुलाया कभी
तेरे बिना ही तेरे लिये दिल जलाया होगा
मैंने तेरे लिए ही सात रंग के सपने चुने
सपने सुरीले सपने...
भोले-भाले दिल को बहलाते रहे
तन्हाई में तेरे ख्यालों को सजाते रहे
कभी-कभी तो आवाज देकर, मुझको जगाया ख्यालों ने
ओ मैंने तेरे लिए ही, सात रंग के सपने चुने
सपने सुरीले सपने....

फिल्म : चार दिल चार राहें

गीत : साहिर लुधियानवी **संगीत : अनिल विश्वास**

नहीं किया तो करके देख, तू भी किसी पर मरके देख
हुस्न के बिखरे फूलों से, दिल की झोली भरके देख
कौन तुझे क्या कहता है
क्यों उसका गम सहता है

कुत्ते भौंकते रहते हैं
काफिला चलता रहता है
कभी अपने मन की परख करके देख, तू भी...
रीतें-रस्में तोड़ भी दे
दिल को अकेला छोड़ भी दे
दुनिया दिल की दुश्मन है
कुछ तो अनोखा करके देख, तू भी...
एक रास्ता है दौलत का
दूसरा एशो-इशरत का
तीसरा झूठी इज्जत का
चौथा सच्ची उल्फत का
इस रास्ते से गुजर के देख, तू भी....

फिल्म : मल्हार

गीत : कैफ इरफानी **संगीत : रोशन**

दिल तुझे दिया था रखने को
तूने दिल को जलाकर रख दिया
किस्मत ने दे के प्यार मुझे
मेरा दिल तड़पा कर रख दिया
भंवरों के लबों पर फरियादें, कलियों के लबों पर मुस्कानें
भंवरों का कलेजा कलियों ने, हाय कितना दुखाकर रख दिया
किस्मत ने...
जिस दर्द से दुनिया डरती है, जिस गम से किनारा करती है
तेरी नजर मिली मेरे सीने में, वहीं दर्द छुपाके रख दिया
किस्मत ने...
जब दिल ने तुम्हें बसाया था, आशा का दीप जलाया था
उम्मीद के एक ही झोंके ने, वही दीप बुझाके रख दिया
किस्मत ने...

फिल्म : जी चाहता है

गीत : इन्दीवर **संगीत : कल्याणजी आनन्दजी**

हम छोड़ चले हैं महफिल को
याद आए कभी तो मत रोना
इस दिल को तसल्ली दे देना

घबराए कभी तो मत रोना
इक ख्वाब-सा देखा था हमने
जब आंख खुली तो टूट गया
यह प्यार तुम्हें सपना बनकर
तड़पाए कभी तो मत रोना
हम छोड़ चले हैं महफिल को
याद आए कभी तो मत रोना
तुम मेरे ख्याल में खोकर
बरबाद न करना जीवन को
जब कोई सहेली बात तुम्हें
समझाए कभी तो, मत रोना
हम छोड़ चले हैं महफिल को
याद आए कभी तो मत रोना...
जीवन के सफर में तन्हाई
मुझको तो न जिन्दा छोड़ेगी,
मरने की खबर ऐ जाने-जिगर
मिल जाए कभी तो, मत रोना
हम छोड़ चले हैं महफिल को
याद आए कभी तो मत रोना...

फिल्म : चन्द्रमुखी

गीत : भरत व्यास **संगीत : एस.एन. त्रिपाठी**

नैन का चैन चुराकर ले गई
कर गई नींद हराम
चन्द्रमा-सा मुख था उसका
चन्द्रमुखी था नाम
अंखियां नीली और नशीली
दिल में बस गई छैल-छबीली
चांदनी-सी मदभरी थी
गगन से उतरी वो परी थी
याद है वो दिन सुहाना
वो सुहानी शाम
नैन का चैन चुराकर ले गई...
सुन रहा हूं वह पजनियां
वन में नाची एक हिरनिया
याद कोई फिर जगी थी

जानी-पहचानी सी लगी थी
नैन मिलते ही नयन से
मन हुआ बदनाम...
नैन का चैन चुराकर ले गई...
कैसी थी वह क्या कहूं मैं
इसीलिए चुपचाप रहूं मैं
प्यार का सिंगार थी वह
स्वप्न या साकार थी वह
उस विधाता की कला की
थी पूर्ण विराम
नैन का चैन चुराकर ले गई.....

फिल्म : देवर

गीत : आनंद बख्शी **संगीत : रोशन**

बहारों ने मेरा चमन लूट कर
खिजां को यह इल्जाम क्यों दे दिया
किसी ने चलो दुश्मनी की मगर
इसे दोस्ती नाम क्यों दे दिया
बहारों ने...
मैं समझा नहीं - ऐ मेरे हमनशीं
सजा यह मिली है - मुझे किसलिए -
कि साकी ने लब से मेरे छीनकर
किसी और को जाम क्यों दे दिया
बहारों ने...
मुझे क्या पता था कभी इश्क में
रकीबों को कासिद बनाते नहीं -2
खता हो गई मुझसे कासिद मेरे
तेरे हाथ पैगाम क्यों दे दिया
बहारों ने...
खुदाया यहां, तेरे इन्साफ के
बहुत मैंने चर्चे सुने हैं मगर
सजा की जगह इक खतावार को
भला तूने इनाम क्यों दे दिया
बहारों ने...

फिल्म : उपकार

गीत : इन्दीवर **संगीत : कल्याणजी-आनन्दजी**

दीवानों से ये मत पूछो
दीवानों पे क्या गुजरी है
हां उनके दिलों से पूछो
अरमानों पे क्या गुजरी है
औरों को पिलाते रहते हैं
आप खुद प्यासे रह जाते हैं
ये पीने वाले क्या जानें
पैमानों पर क्या गुजरी है
दीवानों से यह मत पूछो...
मालिक ने बनाया इन्सां को
इन्सान मुहब्बत कर बैठा
वो ऊपर बैठा क्या जाने
इन्सानों पे क्या गुजरी है
दीवानों से ये मत पूछो....

फिल्म : अनाड़ी

गीत : शैलेन्द्र **संगीत : शंकर-जयकिशन**

सब कुछ सीखा हमने, न सीखी होशियारी
सच है दुनिया वालों कि हम हैं अनाड़ी
दुनिया ने कितना समझाया
कौन है अपना कौन पराया
फिर भी दिल की चोट छिपाकर
हमने आपका दिल बहलाया
खुद ही मर मिटने की, ये जिद है हमारी
सच है दुनिया वालों.....
दिल का चमन उजड़ते देखा
प्यार का रंग उतरते देखा
हमने हर जीने वाले को
धन-दौलत पे मरते देखा
दिल पर मरने वाले, मिलेंगे भिखारी
सच है दुनिया वालों ...

असली-नकली चेहरे देखे
दिल पर सौ-सौ पहरे देखे
मेरे दुखते दिल से पूछो
क्या-क्या ख्वाब सुनहरे देखे
टूटा जिस तारे पे, नजर थी हमारी
सच है दुनिया वालों...

फिल्म : छलिया

गीत : कमर जलालाबादी संगीत : कल्याणजी-आनन्दजी

छलिया मेरा नाम
छलना मेरा काम
हिन्दू, मुस्लिम, सिक्ख, ईसाई
सबको मेरा सलाम
छलिया मेरा नाम...
देखो लोगों, जरा सोचो, बनी कहानी कैसे
तुमने मेरी रोटी छीनी, मैंने छीने पैसे
सीखा तुमसे काम
हुआ मैं बदनाम
हिन्दू, मुस्लिम, सिक्ख, ईसाई
सबको मेरा सलाम
छलिया मेरा नाम...
रोक रहे हैं, राहें मेरी, नैना तीखे-तीखे
हम तो केवल माल के रसिया, इश्क नहीं हम सीखे
जहां भी देखा काम
हिन्दू, मुस्लिम, सिक्ख, इसाई
सबको मेरा सलाम
छलिया मेरा नाम..
मैं हूं गलियों का शहजादा, जो चाहे वो ले लूं
शहजादे तलवार से खेलें मैं कैंची से खेलूं
मेहनत मेरा काम
देना उसका काम
हिन्दू, मुस्लिम, सिक्ख, ईसाई
सबको मेरा सलाम
छलिया मेरा नाम...

फिल्म : समंदर

गीत : राजेन्द्र कृष्ण **संगीत : मदन मोहन**

सहगायिका - लता मंगेशकर

लता- क्या साथ मेरा दोगे, तुम प्यार की राहों में
मुकेश- जीना तेरे कदमों में, मरना तेरी बांहों में
लता- कह दो कि न बदलोगे, तुम अपने इरादे को
मुकेश- आती है नजर दिल की तस्वीर निगाहों में
जीना तेरे कदमों में...
लता- इकरार ये नाजुक है टूटेगा तो क्या होगा
मुकेश- हमसे तो नहीं होगा औरों से हुआ होगा
भूले से भी ये नगमा बदलेगा न आहों में
जीना तेरे कदमों में...

फिल्म : बरसात

गीत : हसरत जयपुरी **संगीत : शंकर-जयकिशन**

सहगायिका : लता मंगेशकर

मुकेश- छोड़ गए बालम, मुझे हाय अकेला छोड़ गए
तोड़ गए बालम, मेरा प्यार भरा दिल तोड़ गए
लता- छूट गया बालम, हाय साथ हमारा छूट गया
टूट गया बालम, मेरा प्यार भरा दिल टूट गया
मुकेश- छोड़ गए बालम....
लता- फूल संग मुस्काएं कलियां, मैं कैसे मुस्काऊं
बादल देख के भर आई अंखियां, छम-छम नीर बहाऊं...
छूट गया बालम....
मुकेश- दिल की लगी को क्या कोई जाने,
मैं जानूं या दिल जाने
पलकों की छाया में नाचे, ये दर्द भरे अफसाने
छोड़ गए बालम....
लता- पहले मन में आग लगी और फिर बरसी बरसात
ऐसी चली विरहा की आंधी, हाय मैं तड़पत हूं दिन -रात
छूट गया बालम...

फिल्म : मूर्ति

गीत : अनजान **संगीत : बुलो सोरानी**

सहगायिका : हमीदा बानो

जा परवाने जा, कहीं शमां जल रही है
जा रे भंवरे जा, कहीं कली खिल रही है
पंख कटे हैं परवाने के और शमां है दूर
जलने को बेचैन है फिर भी उड़ने से मजबूर
जा परवाने जा...
ये तो शमा की रीत पुरानी
जल-जल कर बुझ जाए
परवाने की प्रीति दीवानी, हंस-हंस पंख लगाए
गा दीवाने गा, कहीं आंख ढल रही है...
जा परवाने जा..

फिल्म : सुनहरे दिन

गीत : डी.एन. मधोक **संगीत : ज्ञान दत्त**

सहगायिका : शमशाद

मैंने देखी जग की रीत
मीत सब झूठे पड़ गए
हो... मेरा बालम इतना दोष
कि तुम संग नैना लड़ गए
रसिया सताए हमें अब जान-जान के
बड़ा दुख पाया मैंने दिल का कहा मान के
हो... तोरी मोरी प्रीति पुरानी रे
बालम काहे को बिगड़ गए
इक दिल दुखाए जमाने भर के
हाय रे जमाने भर के
हम तो भरोसे रे रसिया बस तुम्हारे दर के
मेरे भोले-भाले दिल पे सजन क्या जादू कर गए
हो मीत सब झूठे पड़ गए
आए भी वो गए भी, मेरे दिल की रह गई दिल में
न की जी भर के बतियां गुजरी रो-रो के रतिया

अब जिया पुकारे आजा दोनों नैना भर गए
हो मीत सब झूठे पड़ गए
मैंने देखी जग की रीत...

फिल्म : मेला

गीत : शकील बदायूंनी **संगीत : नौशाद**

सहगायिका : शमशाद बेगम

मैं भंवरा तू फूल ये दिल मत भूल
जवानी लौट के आये ना
मन गाए मीठे गीत बसा कर प्रीति
मुझे तुम बिन कुछ भाए न
तू सूरत मैं उजियारा
है अब जनम-जनम का मेल
सुनो जी प्रीति नहीं है खेल
मैं भंवरा तू है फूल...
ये जीवन मुझको प्यारा...
जिऊं मैं दुनिया के दुःख झेल
इस दिल की है
दिल से लाख खुले हैं भाग
ये दुनिया हमको सताए ना
जवानी लौट के आये ना
मैं भंवरा तू है फूल...

फिल्म : नजराना

गीत : राजेन्द्र कृष्ण **संगीत : रवि**

सहगायिका : लता मंगेशकर

मुकेश – बिखरा के जुल्फें चमन में न जाना
लता – क्यों?
मुकेश – इसलिए कि शरमा न जाएं फूलों के साए
लता – मुहब्बत के नगमें तुम भी न गाना
मुकेश – क्यों?
लता – इसलिए कि भंवरा तुम्हारी हंसी न उड़ाए
मुकेश – मुहब्बत की भंवरे को पहचान क्या

लता – ये कलियों से पूछो हमें क्या पता
मुकेश – हम तो नहीं हैं
लता – कभी सीख लेना न उसकी अदा
मुकेश – जबां पर कभी बात ऐसी न लाना
लता – क्यों?
मुकेश – इसलिए कि दुनिया से रस्मे-वफा न मिट जाए
कहो साथ दोगी कहां तक मेरा
लता – कहां...
मुकेश – वहां तक जहां आसमां झुक रहा है, बोलो चलोगी
लता – जो तुम चलोगे
मुकेश – कहीं राह में हो ना जाना जुदा
मुकेश – मेरा प्यार देखेगा सारा जमाना
लता – क्यों?
मुकेश – इसलिए कि वादा करें और करके निभाएं

फिल्म : राखी

गीत : राजेन्द्र कृष्ण **संगीत : रवि**

सहगायिका : लता मंगेशकर

लता – सैयां छोड़ दे बैयां, मोरी पतली कलैयां मुड़ जायेगी
मुकेश – तेरा हाथ न छोड़ूं, तेरा साथ न छोड़ूं कहां जाएगी
लता – देखो जी देखो कहीं देखे न जमाना
– प्यार हमारा बन जाए न फसाना
मुकेश – अच्छा निकाला है ये जाने का बहाना
लता – सैंयां छोड़ दे...
मुकेश – तुम मेरे कौन हो ये दुनिया न जाने
मुकेश – अपनी बला कोई माने या न माने
लता – प्यार में भी इतने न बनो दीवाने
सैयां छोड़ दे...

फिल्म : बड़ी बहू

गीत : प्रेम धवन **संगीत : अनिल विश्वास**

सहगायिका : लता मंगेशकर

काहे नयनों में कजरा भरो
इतनी हसीन गोरी जितना गुमान करो
कोई जलता है तो जलता रहे
कजरारे नयनों का जादू चलता है चलता रहे
जादू नित दिन चलता नहीं
चढ़ता हुआ सूरज क्या शाम को ढलता नहीं
गया सूरज चांद आया
रात हो या दिन हो रंग हुस्न का है छाया, काहे...
कोई हमको सताए जी
हुस्न की कीमत क्या जब कोई न चाहे जी
यहां लाखों हैं दीवाने, इक शमां जलते ही
सौ आते हैं परवाने
चलो झगड़ा ही बीत गया
प्रीति की रीत है ये जो हारा वो जीत गया
काहे नयनों...

फिल्म : जिस देश में गंगा बहती है

गीत : शैलेन्द्र **संगीत : शंकर-जयकिशन**

सहगायिका : लता मंगेशकर

मुकेश – आ अब लौट चलें, नैन बिछाए बांहें पसारे
तुझको पुकारे देश तेरा...
लता – आ जा रे...
मुकेश – आ अब लौट चलें...
सहज है सीधी राह पे चलना
देखके उलझन बच के निकलना
कोई ये चाहे माने न माने
बहुत ही मुश्किल है गिरके संभलना
आ अब लौट चलें...
आंख हमारी मंजिल पर है

दिल में खुशी की मस्त लहर है
लाख लुभाएं महल पराए
अपना घर फिर अपना घर है
आ अब लौट चलें...

लता — आ जा रे...

फिल्म : शबनम

गीत : राजेन्द्र कृष्ण **संगीत : एस.डी. बर्मन**

सहगायिका : शमशाद बेगम

तुम्हारे लिए हुए बदनाम
न भूले फिर भी तुम्हारा नाम
तुम जानो या न जानो, तुम्हारी मर्जी
तुम्हारी मर्जी...
जाओ जी जाओ आए बड़े मोहब्बत करने वाले
हमें छोड़ के बीच नदी में पार उतरने वाले
चाहे लाख दो इल्जाम
हम तो कब से बने हैं गुलाम
तुम मानो या न मानो तुम्हारी मर्जी
तुम्हारे लिए हुए...
तुम परदेसी तुम हरजाई फिर क्या हमसे मेल
जाओ जाकर और किसी से खेलो प्यार का खेल

मुकेश — हमें औरों से क्या काम
तुम्हारे बिना नहीं आराम
तुम मानो या न मानो तुम्हारी मर्जी
तुम भी जरा जलने का मजा लो हमें जलाने वाले
हम क्या जानें कौन हो तुम हमें मनाने वाले
हम तो आयेंगे सुबहो-शाम
हम तो करेंगे रोज सलाम
पहचानो न जानो तुम्हारी मर्जी
तुम्हारे लिए हुए बदनाम..

फिल्म : छलिया

गीत : कमर जलालाबादी संगीत : कल्याणजी-आनन्दजी
सहगायिका : लता मंगेशकर

मुकेश - मेरी जान कुछ भी कीजिए
चाहे जान मेरी लीजिए
पर दिल हमीं को दीजिए
पर दिल हमीं को दीजिए

लता - कभी याद हमें भी कीजिए
कभी याद हमें भी कीजिए
सपनों में आया कीजिए
सपनों में आया कीजिए

मुकेश - कभी तो हमसे कर लो
दो बातें, प्यारा मुखड़ा मोड़ के
तुम कहो तो धरती पे ला दूं
चांद-तारे तोड़ के
पर ये वादा हमसे कर लो
जाओगे न छोड़ के

लता - कभी याद हमें भी
याद आकर तेरी जो तड़पाये तो कोई क्या करे
तेरा दामन न हाथ में आये तो कोई क्या
करे
चांद में आग लग जाये तो कोई क्या करे

मुकेश - मेरी जान कुछ भी कीजिए...
दिल किसी को एक दिन तो दोगी
क्यूं हमें देती नहीं
पास आकर ये तो बता क्या हम बुरे हैं ओ हसीं
चौदहवीं का चांद हो तुम, हम भी तुमसे
कम नहीं

लता - कभी याद हमें भी कीजिए

मुकेश - मेरी जान कुछ भी कीजिए।...

फिल्म : दुनिया की सैर

गीत : हसरत जयपुरी **संगीत : शंकर जयकिशन**

सहगायिका : शारदा

मुकेश	–	दुनिया की सैर कर लो, दुनिया की सैर कर लो
शारदा	–	दुनिया की सैर कर लो, इंसा के दोस्त बन लो
मुकेश	–	इंसा से प्यार कर लो, इंसा से प्यार...
दोनों	–	अराउन्ड दी वर्ल्ड इन एट डॉलर्स अराउन्ड दी वर्ल्ड इन एट डॉलर्स
मुकेश	–	लॉस एन्जीलिस भड़कीला जहां हॉलीवुड है रंगीला देखो डिजनीलैण्ड में आकर परियों का देश धरती पर परियों का देश धरती पर
दोनों	–	अराउण्ड द वर्ल्ड इन एट...
शारदा	–	परियों का देश ग्रेकेनियन देखा याद आ गया वो अनदेखा नहीं तेरा कोई भी सानी अरे वाह रे वाह मियामी अरे वाह रे वाह मियामी
मुकेश	–	हम अमन चाहने वाले हम प्यार पे मरने वाले एक बात कहेंगे बस नफरत को मिटा दो जग से इंसा के हाथ का टोना
शारदा	–	मिट्टी को बनाया सोना ये वाशिंगटन अलबेला

न्यूयार्क शहर का मेला
लंदन की दौड़ दीवानी
पेरिस की शाम मस्तानी
कुदरत के ये खेल निराले
जरा देख ले देखने वाले

मुकेश - बर्लिन का बदलता चेहरा
और रोम का रंग सुनहरा
वेनिस में नाव की सैरें
ये गीत गाती हुई लहरें
ये गीत गाती हुई लहरें

दोनों - अराउण्ड दी वर्ल्ड...

फिल्म : दस नम्बरी

गीत : मजरूह सुल्तानपुरी संगीत : लक्ष्मीकांत-प्यारेलाल

सहगायिका : लता मंगेशकर

लता- मुझे दर्द रहता है, दिल में दर्द रहता है
मुझे भूख नहीं लगती, मुझे प्यास नहीं लगती
सारा दिन तड़पती हूं, सारी रात जागती हूं
जाने क्या हुआ मुझको, कोई दे दवा मुझको

मुकेश- तू हरि नाम का जाप कर गंगाजल पी लेना
पीकर फिर आराम से प्राणी जुग-जुग जी लेना
यदि फिर भी न मिले तुझे आराम
तो रक्षा करे तेरी सियाराम-सियाराम...

लता- तेरी दिल्लगी, हाय-हाय-हाय
इक आंख न हाय-हाय-हाय
मुझे रोग भारी है-है-है, बड़ी बेकरारी है-है-है
जब दिल धड़कता है तो इक डंक लगता है
जिया तिलमिलाता है, तब याद आता है

मुकेश- है बुरा आंख का रोग सुन्दरी सुध इसकी लेना
सुरमा बाबूशाह का आंखों में जी लेना
जो फिर भी न मिले तुझे आराम
तो रक्षा करे तेरी सियाराम, सियाराम...

लता- हे राम क्या होगा अंजाम क्या होगा
आवाज दे मुझको कोई थाम ले मुझको

बेचैन फिरती हूं, उठती हूं, गिरती हूं
इक सांस आती है, इक सांस जाती है

मुकेश- तो जटाधार के नाम बालिके इक रस्सी लेना
और गले में फंदा डालके हर दुःख की छुट्टी लेना
यदि फिर भी न बने तेरा काम
तो रक्षा करे तेरी सियाराम-सियाराम..

लता- नहीं, मौत नहीं आती

मुकेश- तुझसे है घबराती

लता- मैं हूं क्या बुरी ऐसी

मुकेश- जानूं क्या मैं परदेसी

लता- हाय-हाय, फिर दिल धड़कता है

मुकेश- फिर नाम ले ईश्वर का

लता- अर्जुन, अर्जुन, अर्जुन रही जो ये ही उलझन
तो बन जाऊंगी जोगन

मुकेश- अभी जा बाजार में भगवी चुनरी ले आना
त्याग के फिर संसार को प्राणी वन में बस जाना
यदि फिर भी तू फिरे दिल को थाम
तो रक्षा करे तेरी सियाराम-सियाराम...

फिल्म : चाहत

गीत : आनंद बख्शी संगीत : लक्ष्मीकांत-प्यारेलाल

सहगायिका : लता मंगेशकर

मुकेश- रूबी ओ रूबी, जाने महबूबी
दिल की बातें छेड़ दे
रूबी ओ रूबी...

लता- अब ना कर इन्तजार
क्योंकि हमें तुमसे प्यार
होने वाला है आजकल में

दोनों- रूबी-ओ-रूबी...

मुकेश- दिल को बनाएं साज, आज की रात हम
दिल के उठाएं नाज, आज की रात हम

लता- दिल के उठाएं नाज, आज की रात हम

मुकेश- कह वो

लता- जो न कहा

मुकेश- सुन ले वो
लता- जो न सुना
दोनों- ये उमर, न गुजर जाए आजकल में
रूबी, ओ रूबी...
मुकेश- नजरें चुराकर हम, क्या करेंगे सनम
लता- दामन बचा के हम, क्या करेंगे सनम
मुकेश- फिर कभी
लता- होना तो है
दोनों- होना तो है ये, हो जाए आजकल में
रूबी ओ रूबी...
मुकेश- ऐसी हो कोई बात, जो बहाने बने
लता- हां-हां, ऐसी हो कोई बात, जो बहाने बने
मुकेश- ये नजर
लता- है बेकरार
मुकेश- क्योंकि है
लता- ये इन्तजार
दोनों- इक पयाम आने वाला है आजकल में
रूबी ओ रूबी....

फिल्म : ऑपेरा हाउस

गीत : मजरूह सुल्तानपुरी **संगीत : चित्रगुप्त**

सहगायिका - लता मंगेशकर

मुकेश - देखो मौसम
लता - क्या बहार है
मुकेश - सारा आलम
लता - बेकरार है
मुकेश - ऐसे में क्यूं हम
लता - दीवाने हो जाएं ना
छलकी-छलकी
मुकेश - चांदनी भी है
लता - हल्की-हल्की
मुकेश - बेखुदी भी है
लता - ऐसे में क्यूं हम
मुकेश - यहीं पर खो जायें ना

ठंडी-ठंडी रेत में जलवों की बरसात है

लता - क्या मस्ताना है समां, क्या मतवाली रात है

मुकेश - सपने बिखरे

लता - मोड़-मोड़ पे

मुकेश - ताके नैना

लता - जोड़-जोड़ पे

मुकेश - ऐसे में क्यूं हम..

लता - गाती थी हर सांस में बजती थी शहनाईयां

मुकेश - साया दिल पे डालती तारों-सी परछाईयां

लता - झांके चन्दा

मुकेश - आसमान से

लता - छेड़े हमको

मुकेश - जान-जान के

लता - ऐसे में क्यूं हम...

मुकेश - दरिया की हर मौज में अरमानों का जोर है

लता - दिलवालों के गीत का हल्का-हल्का शोर है

मुकेश - लहरें डोलें

लता - झूम-झूम के

मुकेश - साहिल का मुंह

लता - चूम-चूम के

दोनों - ऐसे में क्यूं हम...

फिल्म : पतंग

गीत : राजेन्द्र कृष्ण **संगीत : चित्रगुप्त**

सहगायिका : लता मंगेशकर

मुकेश - तेरी शोख नजर का इशारा
मेरी वीरान रातों का तारा

लता - तेरी बांहों का जब है सहारा
पिया मझधार भी है किनारा

मुकेश - निकले हैं राही मस्ती में डूबे
मंजिल का क्या है, मिले ना मिले

लता - तुम पास हो तो, किस्मत है अपनी
शिकवे कहां, कहां के गिले

मुकेश - तेरी शोख नजर का इशारा...

लता – इक ख्वाब-सा है, या है कहानी
कुछ है यकीं कुछ यकीं भी नहीं
मुकेश – हम तो जाने कि ये है सपना
जो तुम नहीं तो हम भी नहीं
लता – तेरी बांहों का जब है सहारा
पिया मझधार भी है किनारा...

फिल्म : शबनम

गीत : राजेन्द्र कृष्ण **संगीत : एस.डी.बर्मन**

सहगायिका : शमशाद बेगम

मुकेश – तू महल में रहने वाली
मैं कुटिया में रहने वाला
बता फिर मेरा-तेरा प्यार क्या
तू आसमान का तारा, मैं एक जर्रा बेचारा
बता फिर मेरा-तेरा प्यार क्या,
बता फिर...
शमशाद – मेरे दिल में प्यार की आग पिया हाय
लगी रही, लगी रही, लगी रही
मैं खोल के खिड़की महल की हाय रे
खड़ी रही, खड़ी रही, खड़ी रही
मुकेश – तू हंसती खड़ी उस पार
मेरी नाव बीच मंझधार, बता फिर मेरा तेरा...
शमशाद – जब रिमझिम-रिमझिम वर्षा, हाय रे हाय
होती रही, होती रही, होती रही
मैं सावन के बादलों के संग-संग
हाय रे हाय, रोती रही, रोती रही,
तू खेल समझ के रोती
तेरे आंसू महल के मोती
बता फिर तेरा-मेरा...

फिल्म : दिल ने फिर याद किया

गीत : जी.एल. रावल **संगीत : सोनिक-ओमी**

सहगायक : मो. रफी व सुमन कल्याणपुर

रफी- दिल ने फिर याद किया बर्क-सी लहराई है
फिर कोई चोट मुहब्बत की उभर आई है
दिल ने फिर याद किया...
वो भी क्या दिन थे हमें
दिल में बिठया था कभी
और हंस-हंस के
गले हमको लगाया था कभी
खेल ही खेल में क्यूं जान पे बन आई है
दिल ने फिर याद क्या...

सुमन- क्या बताएं तुम्हें हम शम्मा की किस्मत क्या है
गम में जलने के सिवा और मुहब्बत क्या है
ये वो गुलशन है कि जिसमें न बहार आई है
दिल ने फिर याद किया...

मुकेश- हम वो परवाने हैं जो शमां का दम भरते हैं
हुस्न की आग में खामोश जला करते हैं
आह भी निकले तो प्यार की रुसवाई है
दिल ने फिर याद किया..

फिल्म : मेरा क्या कसूर है

गीत : राजेन्द्र कृष्ण **संगीत : चित्रगुप्त**

कहीं से मौत को लाओ कि गम की रात कटे
मेरा ही सोग मनाओ कि गम की रात कटे
कहीं से मौत को लाओ...
करे न पीछा मेरा, जिन्दगी को समझा दो
ये राह उसकी भुलाओ कि गम की रात कटे
कहीं से मौत को लाओ...
कहीं बहार से अब शाखे-दिल न होगी हरी
खिजां के गीत सुनाओ कि गम की रात कटे
कहीं से मौत को लाओ...

फिल्म : ससुराल

गीत : हसरत जयपुरी संगीत : शंकर जयकिशन

सहगायिका : लता मंगेशकर

मुकेश- अपनी उल्फत पे जमाने का जो न पहरा होता
लता- तो कितना अच्छा होता, तो कितना अच्छा होता
मुकेश- प्यार की रात का कोई न सवेरा होता
लता- तो कितना अच्छा होता...
मुकेश- पास रहकर भी बहुत दूर, बहुत दूर रहे
एक बन्धन में बंधे फिर भी तो मजबूर रहे
मेरी राहों में न उलझन का अंधेरा होता...
तो कितना अच्छा होता...
मुकेश- दिल मिले आंख मिली प्यार न मिलते हाय
बागवां कहता है दो फूल न खिलने पाए
अपनी मंजिल को जो कांटों ने न घेरा होता
तो कितना अच्छा होता...
मुकेश- अजब सुलगती हुई लकड़ियां हैं जगवाले
मिलें तो आग उगलते, कटे तो धुआं करें
अपनी दुनिया में भी सुख चैन का फेरा होता
दोनों- तो कितना अच्छा होता...

फिल्म : जंगली

गीत : हसरत जयपुरी संगीत : शंकर-जयकिशन

सहगायिका : लता मंगेशकर

मुकेश- नैन तुम्हारे मजेदार, ओ जनाबे आली
लता- हमको तुमसे है प्यार, ओ जनाबे आली
मुकेश- प्यार किया तुमसे, क्या हमने गुनाह किया
आपके इशारों पे, खुद को तबाह किया
बनते हैं हम ही गुनहगार, ओ जनाबे आली
नैन तुम्हारे मजेदार..
लता- आप चाहें कुछ हों निगाहों पे छा गए
मेरी जिंदगी में, बहार बन के आ गए
हम हैं तुम्हारे तलबगार, ओ जनाबे-आली

हम को तुमसे है प्यार..
मुकेश- राह में पड़े हैं, हुजूर के गुलाम हैं
गीत मेरे सुन लो, वफा के पयाम हैं
हम हैं तुम्हारे ताबेदार, ओ जनाबे-आली
नैन तुम्हारे मजेदार....

फिल्म : श्री 420

गीत : शैलेन्द्र **संगीत : शंकर-जयकिशन**

सहगायिका : लता और साथी

मुकेश- रमैया वस्तावैया, रमैया वस्तावैया
लता- मैंने दिल तुझको दिया, मैंने दिल तुझको दिया
मुकेश- नैनों में थी प्यार की रोशनी
तेरी आंखों में ये दुनियादारी न थी
लता- तू और था तेरा दिल और था
तेरे मन में ये मीठी कटारी न थी
मुकेश- मैं जो दुःख पाऊं तो क्या... आज पछताऊं तो क्या
कोरस- मैंने दिल तुझको दिया! रमैया वस्तावैया
मुकेश- उस देश में तेरे परदेस में, सोने-चांदी के
बदले में बिकते हैं दिल
लता- इस गांव में दर्द की छांव में, प्यार के नाम
पर ही धड़कते हैं दिल
चांद-तारों के तले रात ये गाती चले
कोरस- मैंने दिल तुझको दिया! रमैया वस्तावैया
लता- याद आती रही दिल दुखाती रही
अपने मन को मनाना न आया हमें
तू न आए तो क्या, भूल जाए तो क्या
प्यार करके भुलाना न आया हमें
वहीं से दूर से ही
तू भी यह कह दे कभी
मैंने दिल तुझको दिया! रमैया वस्तावैया
मुकेश- रस्ता वही और मुसाफिर वही
एक तारा न जाने कहां छुप गया
दुनिया वही दुनिया वाले वही
कोई क्या जाने किसका जहां लुट गया

मेरी आंखें में रहे
कौन जो मुझको कहे –
मैंने दिल तुझको दिया
कोरस– रमय्या वस्तावैया

फिल्म : कांच की चूड़ियां

गीत : शैलेन्द्र **संगीत : सुहरीद कार**

सहगायिका : आशा भोंसले

मुकेश– साथ हो तुम और रात जवां
नींद किसे अब चैन कहां
कुछ तो समझ ऐ भोले सनम
कहती है क्या नजरों की जुबां
साथ हो तुम....
आशा– महकती हवा छलकती घटा
हमसे ये दिल संभलता नहीं
कि मिन्नतें मनाकर थके
करें क्या यह अब बहकता नहीं
मुकेश– देख के तुमको बहकने लगा
लो चलने लगा हसरतों का जहां
आशा– साथ हो तुम...
मुकेश– अजब रात है कि हर बात में
अजब रंग है अजब मस्तियां
ये सुर कौन से ये नगमा है क्या
जो गाने लगीं ये खामोशियां
आशा– किसको खबर कहां मंजिलें हैं
कहां रास्ते और हम–तुम कहां
साथ हो तुम और रात...
मुकेश– हम इस राह में मिले इस तरह
कि अब उम्र भर न होंगे जुदा
आशा– मेरे दिल की आवाज तू
मैं कुछ भी नहीं तुम्हारे बिना
मुकेश– आओ चलें हम जहां
प्यार से वो गले मिल रहे हैं, जमीं आसमां
दोनों– साथ हो तुम और रात जवां

फिल्म : आह

गीत : शैलेन्द्र संगीत : शंकर-जयकिशन

सहगायिका : लता मंगेशकर

लता- जाने न नजर पहचाने जिगर
ये कौन जो दिल पर छाया
मेरा अंग-अंग मुस्काया
मेरा अंग-अंग मुस्काया

मुकेश- जाने न नजर पहचाने जिगर
ये कौन जो दिल पर छाया
मुझे रोज-रोज तड़पाया
मुझे रोज-रोज तड़पाया

लता- आवाज ये किसकी आती है
जो छेड़ के दिल खो जाती है
मैं सुन के जिसे शरमा जाऊं
है कौन जो मुझमें समाया
मेरा अंग-अंग मुस्काया
मेरा अंग-अंग मुस्काया
जाने न जिगर...

मुकेश- ढूंढेंगे हम उसे तारों में
सावन की ठंडी बहारों में
पर हम भी किसी से कम तो नहीं
क्यों रूप को अपने छुपाया
मुझे रोज-रोज तड़पाया
मुझे रोज-रोज तड़पाया...

लता- बिन देखे जिस को प्यार करूं
गर देखूं उनको जान भी दूं
इक बात कहूं ओ जादूगर
ये कौन-सा खेल रचाया
मेरा अंग-अंग मुस्काया
मेरा अंग-अंग मुस्काया

दोनों- जाने न जिगर...

फिल्म : फर्ज

गीत : आनंद बख्शी **संगीत : लक्ष्मीकांत-प्यारेलाल**

सहगायिका : लता मंगेशकर

मुकेश- हम तो तेरे आशिक हैं सदियों पुराने
चाहे तू माने चाहे न माने
लता- हम भी जमाने से हैं तेरे दीवाने
चाहे तू माने चाहे न माने
मुकेश- आई हैं यूं प्यार की जवानियां
अरमां दिल में हैं
सबके दिल में है
जाने-तमन्ना
लता- तेरे इसी प्यार की कहानियां
हर महफिल में हैं
सबके दिल में हैं
जाने-तमन्ना
छेड़ते हैं सब मुझको, अपने-बेगाने
चाहे तू माने, चाहे न माने
सोचो मुहब्बत में कभी हाथ हमसे
छूटे तो
दो दिल रूठे तो
फिर क्या हो
मुकेश- ऐसा न हो काश कभी प्यार में
चाहे टूटे तो
दो दिल रूठे तो
फिर क्या हो
हम तो चले आए सनम, तुझको मनाने
चाहे तू माने, चाहे न माने
लता- हम भी जमाने से हैं तेरे दीवाने
चाहे तू माने, चाहे न माने...
मुकेश- मस्त निगाहों से इस दिल को
मस्त बनाए जा
और पिलाए जा
प्यार के सागर

लता- दिल पे बड़े प्यार से सितमगर
ठेस लगाए जा
तीर चलाए जा
याद रहे पर
तीर कभी बन जाते हैं, खुद ही निशाने
चाहे तू माने, चाहे न माने..
मुकेश- हम तो तेरे आशिक हैं सदियों पुराने
लता- हम भी जमाने से हैं तेरे दीवाने
दोनों- चाहे तू माने, चाहे न माने
चाहे तू माने, चाहे न माने...

फिल्म : हरियाली और रास्ता

गीत : शैलेन्द्र **संगीत : शंकर-जयकिशन**

सहगायिका : लता मंगेशकर

मुकेश- लाखों तारे, आसमान में
एक मगर ढूंढे न मिला
देख के दुनिया की दीवाली
दिल मेरा, चुपचाप जला
लता- सौ-सौ सदियों से लम्बी
गम की रात नहीं ढलती
इस अंधियारे के आगे अब
ऐ दिल एक नहीं चलती
हंसते ही छुप गई चांदनी
और उठते ही चांद ढला
मुकेश- लाखों तारे आसमान में
एक मगर ढूंढे न मिला
लता- देख के दुनिया की दीवाली
दिल मेरा चुपचाप जला
मुकेश- मौत है बेहतर इस हालत से
नाम है जिसका मजबूरी
लता- कौन मुसाफिर तय कर पाया
दिल से दिल की ये दूरी
मुकेश- कांटों ही कांटों से गुजरा
जो राही इस राह चला

लाखों तारे आसमान में
एक मगर ढूंढे न मिला

लता- देख के दुनिया की दीवाली
दिल मेरा चुपचाप जला

फिल्म : कन्हैया

गीत : शैलेन्द्र **संगीत : शंकर-जयकिशन**

सहगायिका : लतामंगेशकर

नी बलिये, रुत है बहार की
सुन चनवे रुत है बहार की
कुछ मत पूछो कैसे बीती घड़ियां इन्तजार कीं
नी बलिये रुत है बहार की
सुन चनवे रुत है बहार की
आखिर सुन ली मनमोहन ने
मेरे मन की बोली, ओ...
अब जाकर हमको पहचानी
उनकी नजरें भोली
सखी घड़ी आ गई मेरे सिंगार की
सोलह सिंगार की
नी बलिये रुत है बहार की
सुन चनवे रुत है बहार की, कुछ मत पूछो...
नी बलिये...
हाय, सुन चनवे....
दिल ने कहा तेरा सपना झूठा, मैंने कहा सच होगा
हम पहले दिन जान गए थे, कैसे कब क्या होगा
सुन लो सरगम दिल के सितार की
दिल के सितार के
नी बलिये...
हो कभी इकरार की कभी इनकार की
कभी इनकार की
नी बलिये रुत है बहार की
सुन चन वे...

फिल्म : संगम

गीत : हसरत जयपुरी संगीत : शंकर-जयकिशन

सहगायक - लता, महेन्द्र कपूर

मुकेश- हर दिल जो प्यार करेगा, वो गाना गाएगा
दीवाना सैकड़ों में पहचाना जाएगा
हर दिल जो प्यार करेगा...
आप हमारे दिल को चुराकर आंख चुराए जाते हैं
ये एक तरफा रस्मे-वफा हम फिर भी निभाये जाते हैं
चाहत का दस्तूर है फिर भी आपको ही मालूम नहीं
जिस महफिल में शमा हो परवाना आएगा
दीवाना सैकड़ों में पहचाना जाएगा, दीवाना...

लता- भूली-बिसरी यादें मेरे हंसते-गाते जीवन की
रात-बिरात चली जाती हैं नींद चुराये नैन की
अब कह दूंगी कहते-कहते
कितने सावन बीत गए होऽऽऽ
जाने कब इन आंखों का शरमाना जाएगा
दीवाना सैकड़ों में पहचाना जाएगा, दीवाना...

महेन्द्र- अपनी-अपनी सबने कह ली लेकिन हम चुपचाप रहे
पराया जिसको प्यारा वो क्या अपनी बात कहे
खामोशी का यह फसाना रह जाएगा
बाद मेरे, अपना के हर किसी को बेगाना जाएगा
दीवाना सैकड़ों में पहचाना जाएगा, दीवाना...

फिल्म : पत्थर के सनम

गीत : मजरूह सुल्तानपुरी संगीत : लक्ष्मीकांत-प्यारेलाल

सहगायिका : लता मंगेशकर

महबूब मेरे, महबूब मेरे
तू है तो दुनिया कितनी हसीं है
जो तू नहीं तो कुछ भी नहीं है
महबूब मेरे, महबूब मेरे...
तू हो तो बढ़ जाती है कीमत मौसम की
तू हो तो बढ़ जाती है कीमत मौसम की

ये जो तेरी आंखें हैं शोला शबनम-सी
यहीं मरना भी है मुझको, मुझे जीना भी यहीं है
महबूब मेरे, महबूब मेरे...
अरमां किसको जन्नत की रंगीं गलियों का
अरमां किसको जन्नत की रंगीं गलियों का
मुझको तेरा दामन है, बिस्तर कलियों का
जहां पर है तेरी बांहें मेरी जन्नत भी वहीं है
महबूब मेरे, महबूब...
रख दे मुझको अपना दीवाना करके
रख दे मुझको तू अपना दीवाना करके
नजदीक आजा फिर देखूं तुझको जी भर के
मेरे जैसे होंगे लाखों, कोई भी तुझसा नहीं
महबूब मेरे महबूब...

फिल्म : नजराना

गीत : राजेन्द्र कृष्ण **संगीत : रवि**

सहगायिका : लता मंगेशकर

लता- मेरे पीछे इक दीवाना कुछ अलबेला मस्ताना
कोई रोको रे, मुझको सताए है
मुकेश- मेरे आगे एक दीवानी, है जिसका नाम जवानी
कोई रोको रे, दिल को चुराए है
लता- मचले जो दिल तेरा, क्या कसूर है मेरा
छोड़ो जी छोड़ो पीछा, अब तो हुजूर मेरा
मुकेश- ऐसी अदा पे तो कोई लुटा जाए है
कोई देखो रे....
लता- ऐसी भी जल्दी क्या है, हमको भी साथ ले लो
मुकेश- जाने दो गुस्सा अब तो हाथों में हाथ ले लो
लता- देखो दीवाना कैसी बतियां बनाए हैं
कोई रोको रे...
मुझ में जनाब बोलो ऐसी क्या बात है
मुकेश- गालों में दिन देखा बालों में रात है
लता- ऐसे न देखो, मेरा जिया घबराए है
कोई रोको रे...
मेरे पीछे इक...

फिल्म : विश्वास

गीत : गुलशन बावरा **संगीत : कल्याणजी-आनंदजी**

सहगायिका : हेमलता

ले चल, ले चल मेरे जीवन साथी,
ले चल मुझे उस दुनिया में
प्यार ही प्यार हो जहां
हम-तुम, तुम-हम, जन्मों के साथी
हम तुम हैं जिस दुनिया में
प्यार-ही-प्यार है वहां
ले चल, ले चल...
जब से नजर में आप बसे हैं
मस्ती-सी छाई है आंखों में
छाई रहे ये मस्ती
बस जाए दिल की बस्ती
महकी रहे ये वादियां
ले चल, ले चल...
प्रीति का बंधन बांध के तूने
प्रीति से ही उपकार किया
अब ये बन्धन न टूटे
युग-युग ये साथ न छूटे
चलता रहे यूं ही कारवां
ले चल, चल...

फिल्म : जौहर महमूद इन गोवा

गीत : कमल जलालाबादी संगीत : कल्याणजी-आनंदजी

सहगायिका : लता मंगेशकर

अंखियों का नूर है तू, अंखियों से दूर है तू
फिर भी पुकारे चले जाएंगे
तू आए न आए फिर भी पुकारे चले जाएंगे
अंखियों का नूर...
दिल में पयाम तेरा लब पे है नाम तेरा
होके दीवाने तेरे प्यार में

लो आए जी आये होके दीवाने तेरे प्यार में
ओ मेरे हमराज कहां है, मुझको दे आवाज कहां है
प्यार की आंखों से तुम देखो, इश्क वहीं है हुस्न जहां है
छुप-छुप के आने वाले, दिल को जलाने वाले
चुपके से आजा मेरे सामने
तू आ जा रे आ जा, चुपके से आजा मेरे सामने
दिल में पयाम तेरा...
इसलिए आया हूं मैं छुपके, देखके हमको दुनिया जले ना
प्यार की महफिल कितनी अनोखी
नूर है लेकिन दीप जले ना
यादों के दाग लेके, दिल के चिराग लेके
कब से खड़ा हूं तेरे सामने
अंखियों का नूर है तू...
तू माने न माने कब से खड़ा हूं तेरे सामने
अंखियों का नूर है तू
हम-तुम दोनों गर मिल...
फिर भी पुकारे चले जाएंगे...
शाख से टूटे गुल खिल जाएं
हाथ में आए जब तेरा दामन चाहे गरेबां सब मिल जाएं
कैसा ये मिलना हाय, मिलके भी न मिल पाए
चुपके से आजा मेरे सामने
तू आजा रे आजा चुपके से आजा मेरे सामने
दिल में तेरा पयाम...

फिल्म : धरती कहे पुकार के

गीत : आनंद बख्शी **संगीत : लक्ष्मीकांत प्यारेलाल**

सहगायिका : लता मंगेशकर

लता- हम-तुम चोरी से बंधे एक डोरी से
जइयो कहां ऐ हुजूर
अरे ई बन्धन है प्यार का
कि हम-तुम चोरी से बंधे इक डोरी से
जइयो कहां ऐ हुजूर, जइयो कहां ऐ हजूर
मुकेश- कजरा वाली फिर तू ऐसे काहे निहारे
कजरा वाली फिर तू ऐसे काहे निहारे

ई चितवन के गोरी माने तो समझा जा रे

लता- मतलब एक है, एक है नैनन पुकार का
जे हम-तुम चोरी से बंधे एक डोरी से
जइयो कहां ऐ हजूर, जइयो कहां..

मुकेश- देखो बादर आए पवन के पुकारे
देखो बादर आए पवन के पुकारे

लता- उल्फत मेरी जीती अनाड़ी पिया हारे

मुकेश- आयेगा रे मजा, रे मजा अब जीत-हार का

दोनों- जे हम-तुम चोरी से बंधे इक डोरी से
जइयो कहां ऐ हजूर...

फिल्म : आवारा

गीत : हसरत जयपुरी **संगीत : शंकर जयकिशन**

सहगायिका : लता मंगेशकर

लता- दम भर जो इधर मुंह फेरे ओ चंदा
मैं उनसे प्यार कर लूंगी, बातें हजार कर लूंगी
दिल करता है प्यार के सजदे
और मैं भी उनके साथ
चांद को चंदा रोज देखे, मेरी पहली रात
हो मेरी पहली रात
बादल में अब छुप जा रे ओ चंदा, मैं उनसे...
दम भर जो इधर...

मुकेश- दम भर जो इधर मुंह फेरे ओ चंदा
मैं उनसे प्यार कर लूंगा
नजरें चार कर लूंगा
मैं चोर हूं, काम है चोरी, दुनिया में हूं बदनाम
दिल को चुराता आया हूं मैं, ये ही मेरा काम
हो ये ही मेरा काम
आना तू गवाही देने ओ चंदा, मैं उनसे..

लता- दिल को चुराकर खो मत जाना
राह न जाना भूल
इन कदमों से कुचल न देना
मेरे दिल का फूल
हो मेरे दिल का फूल

ये बात उन्हें समझा दे ओ चंदा
मैं उनसे प्यार कर लूंगी
बातें हजार कर लूंगी

दोनों- दम भर जो..

फिल्म : धर्मात्मा

गीत : इन्दीवर **संगीत : कल्याणजी-आनंदजी**

सहगायिका : कंचन

कंचन- तुमने किसी से कभी प्यार किया है
प्यार भरा दिल किसी को दिया है

मुकेश- प्यार कहां अपनी किस्मत में
प्यार का बस दीदार किया है
प्यार का बस दीदार किया है

कंचन- तुमने किसी से कभी प्यार किया है...
तुम हो इतने हसीं तुम पर लाखों मरते होंगे
तुम हो इतने जवां हजारों आहें भरती होंगी

मुकेश- किसको कहा तुमने अपना
बनके रहे किसका सपना
सपने तो सपने हैं आखिर
किसने इन्हें साकार किया
तुमने किसी से कभी...

कंचन- मैंने देखा हाल दिलों का
देखे दो दिल वाले

मुकेश- हां, मैंने देखे दो दिल वाले

कंचन- इक-दूजे के प्यार पे दोनों

मुकेश- इक-दूजे के प्यार पे दोनों

कंचन- जान लुटाने वाले..

दोनों- तुमने किसी से कभी...

फिल्म : मिलन

गीत : आनंद बख्शी **संगीत : लक्ष्मीकांत-प्यारेलाल**

सहगायिका : लता मंगेशकर

मुकेश- हम-तुम, युग-युग से ये गीत मिलन के
गाते रहे हैं, गाते रहेंगे

लता- हम-तुम, जग में जीवन साथी बनके
आते रहे हैं, आते रहेंगे
लता- जब-जब हमने जीवन पाया
जब-जब ये रूप, सजा सजना
तुमने ही मांग भरी मेरी, तुम्हीं ने पहनाया कंगना
हम फूल बने या अंगारे
पर साथ नहीं छूटा अपना
हर बार तुम्हीं थे आन बसे
इन आंखों में बन कर सपना
मुकेश- सावन में जब कभी ये बादल, गगन पे छाए
बिजली से डर गए तुम, डर कर करीब आए
लता- फिर क्या हुआ बताओ बरसात थम न जाए
मुकेश- जग बन्धन न तोड़ सका
हम तोड़ के हर दीवार मिले
इस जन्म की नदिया के
इस पार मिले उस पार मिले
लता- भगवान ने पूछा मांगो तुम
तुमको सारा संसार मिले
पर हमने कहा संसार नहीं
हमको साजन का प्यार मिले
दोनों- हम-तुम...

फिल्म : मिलन

गीत : आनन्द बख्शी संगीत : लक्ष्मीकांत-प्यारेलाल

सहगायिका : लता मंगेशकर

मुकेश - सावन का महीना, पवन करे सोर
लता - सावन का महीना, पवन करे शोर
मुकेश - अरे बाबा, शोर नहीं, सोर-सोर
लता - सावन का महीना, पवन करे सोर
मुकेश - हां
जियरा रे झूमे ऐसे, जैसे बन मा नाचे मोर
लता - सावन का महीना, पवन करे सोर
जियरा रे झूमे ऐसे, जैसे बन मा नाचे मोर
मुकेश - रामा गजब ढाए, ये पुरवैया
नैया संभालो, कित खोए हो, खिवैया
पुरवैया के आगे चले न कोई जोर

लता – जियरा रे झूमे ऐसे, जैसे बन मा नाचे मोर
सावन का महीना...
मुकेश – जाना कहां है पूछे, नदिया की धारा
मौजवा करे क्या जाने, हमको इशारा
लता – मर्जी है तुम्हारी, ले जाओ जिस ओर
मुकेश – जियरा रे झूमे ऐसे, जैसे बन मा नाचे मोर
सावन का महीना...
लता – जिनके बलम बैरी गए हैं बिदेसवा
मुकेश – आई है बरखा लेके उनके प्यार का संदेसवा
लता – कारी मतवारी घटायें घनघोर
जियरा रे झूमे ऐसे, जैसे बन मा नाचे मोर
दोनों – सावन का महीना....

फिल्म : मेरा नाम जोकर

गीत : हसरत जयपुरी संगीत : शंकर-जयकिशन

सहगायिका : आशा भोंसले

मुकेश– दाग न लग जाए
प्यार किया तो करके निभाना
प्यार किया तो करके निभाना
दाग न लग जाए, हो, हो, दाग न लग जाए
आशा– गोरे तन पे चमके बिजुरिया, गोरे...
आग न लग जाए, हां... आग न लग जाए
सोच-समझकर पांव बढ़ाना मंज़िल के दीवाने
आग को छूना खेल नहीं है ओ पागल परवाने
शोले की बांहों में, हां, शोले की बांहों में
आ मत जाना, क्यों...
मुकेश– आग न लग जाए, आग न लग जाए
मैंने हमेशा सदमे उठाए
जिससे भी दिल को लगाया
जब भी हंसा, मैं, सबको हंसाने
आंखों में आंसू आये
दिल के जले को, हां-हां, दिल के जले को
आग न लग जाए, आग न लग जाए
दाग न लग जाए...

फिल्म : चांदनी चौक

गीत : मजरूह **संगीत : रोशन**

हमें ऐ दिल कहीं ले चल, बड़ा तेरा करम होगा
हमारे दम से है हर ग़म, न हम होंगे न ग़म होगा
हमें ऐ दिल, कहीं ले चल...
खबर क्या थी, बहार आकर, हमारे आशियाने पर
नई बिजली गिराएगी, हम पर नया सितम होगा
हमें ऐ दिल, कहीं ले चल...
तमन्नाओं से बदली है, न बदलेगी कभी क़िस्मत
लिखा है जो मुकद्दर में, वही तेरी कसम होगा
हमें ऐ दिल, कहीं ले चल...

फिल्म : ठोकर

गीत : साजन देहलवी **संगीत : श्यामजी-घनश्यामजी**

मैं ढूंढता हूं जिनको, रातों को ख्यालों में
वो मुझको मिल सके ना, सुबह के उजालों में
मैं ढूंढता हूं जिनको...
सुहानी प्यार की बातें, मेरे दिलदार की बातें
कभी इक़रार की बातें, कभी इनकार की बातें
इक दर्द-सा छुपा है, दिल के हसीन छालों में
मैं ढूंढता हूं जिनको.....
तेरी यादों की परछाई, मेरे ख्वाबों में लहराई
तेरी यादों की तनहाई, मुझे डस लेगी हरजाई
तेरा जवाब होगा, शायद मेरे सवालों में
मैं ढूंढता हूं जिनको...
जो यूं बरबाद होते हैं, वो कब आबाद होते हैं
दिले-नाशाद होते हैं, वो इक फरियाद होते हैं
उलझा हुआ हूं कब से, ग़म के अजीब जालों में
मैं ढूंढता हूं जिनको...

फिल्म : एक रात

गीत : अनजान **संगीत : ऊषा खन्ना**

आज तुमसे दूर होकर ऐसा रोया मेरा प्यार
चांद रोया साथ मेरे, रात रोई बार-बार
कुछ तुम्हारी बंदिशें हैं, कुछ मेरे दायरे
जब मुकद्दर ही बने दुश्मन तो कोई क्या करे
इस मुकद्दर पर किसी का, क्या है आख़िर इख़्तियार
चांद रोया साथ मेरे...
हर तमन्ना से जुदा, मैं हर खुशी से दूर हूं
जी रहा हूं क्योंकि जीने के लिए मजबूर हूं
मुझको मरने भी नहीं देगा तुम्हारा इन्तज़ार
चांद रोया साथ मेरे...
आज तुमसे दूर होकर, ऐसा रोया मेरा प्यार
चांद रोया साथ मेरे, रात रोई बार-बार

फिल्म : प्यार का साग़र

गीत : प्रेम धवन **संगीत : रवि**

वफ़ा जिनसे की, बेवफ़ा हो गए
वो वादे-मुहब्बत के क्या हो गए
जो कहते थे हमको, सदा हैं तुम्हारे
ज़माने में सबसे जिन्हें हम थे प्यारे
वही आज हमसे, जुदा हो गए
वो इतना बता दें, कभी पास आके
मिला है उन्हें क्या, हमें यूं मिटा के
ख़ता क्या थी जो, वे खफा हो गए
वो वादे मुहब्बत के क्या हो गए
मेरे सामने भी, अगर, अब वो आयें
न देखेंगी उनको, ये बेबस निगाहें
वो जिनके लिए, हम फना हो गए
वो वादे मुहब्बत के, क्या हो गए

फिल्म : कटी पतंग

गीत : आनंद बख्शी **संगीत : आर.डी. बर्मन**

जिस गली में तेरा घर न हो बालमा
उस गली से, हमें तो गुज़रना नहीं
जो डगर तेरे द्वारे से जाती न हो
उस डगर पे हमें पांव रखना नहीं
जिस गली में....
ज़िन्दगी में कई, रंगरलियां सही
हर तरफ मुस्कुराती, ये कलियां सही
खूबसूरत बहारों की, गलियां सही
जिस चमन में तेरे पग में कांटे चुभे
उस चमन से हमें, फूल चुनना नहीं
जिस गली में...
आ ये कस्में, ये रस्में, सभी छोड़ के
तू चली आ, चुनर प्यार की ओढ़ के
या चला जाऊंगा मैं, ये जग छोड़ के
जिस जगह याद तेरी रुलाने लगे
उस जगह, एक पल भी ठहरना नहीं
जिस गली में..

फिल्म : मुक्ति

गीत : आनंद बख्शी **संगीत : आर.डी. बर्मन**

सुहानी चांदनी रातें हमें सोने नहीं देतीं
तुम्हारे प्यार की बातें हमें सोने नहीं देतीं
सुहानी चांदनी...
तुम्हारी रेशमी जुल्फ़ों में दिल के फूल खिलते थे
कभी फूलों के मौसम में हम तुमसे मिलते थे
पुरानी वो मुलाकातें हमें सोने नहीं देतीं
सुहानी चांदनी...
कहीं ऐसा न हो लग जाए दिल में आग पानी से
बदल लें रास्ता अपना घटाएं मेहरबानी से
कि यादों की ये बरसातें हमें सोने नहीं देतीं
सुहानी चांदनी रातें....

■■■

www.ingramcontent.com/pod-product-compliance
Lightning Source LLC
Chambersburg PA
CBHW062108160726
48282CB00026B/712

* 9 7 8 8 1 7 1 8 2 3 0 6 2 *